期货日内交易策略

一个以交易为生的真实向导

【美】戴维·班尼特　　著

李超杰　张意忠　　译

山西出版传媒集团

山西人民出版社

图书在版编目（CIP）数据

期货日内交易策略：一个以交易为生的真实向导 /
（美）戴维·班尼特著；李超杰，张意忠译 . — 太原：
山西人民出版社，2022.12（2024.3 重印）

ISBN 978-7-203-10980-8

Ⅰ.①期… Ⅱ.①戴… ②李… ③张… Ⅲ.①期货交
易—基本知识 Ⅳ.① F830.93

中国版本图书馆 CIP 数据核字 (2022) 第 046337 号

期货日内交易策略：一个以交易为生的真实向导

著　　者：	（美）戴维·班尼特
译　　者：	李超杰　张意忠
责任编辑：	崔人杰
复　　审：	赵虹霞
终　　审：	秦继华
装帧设计：	王　静

出 版 者：	山西出版传媒集团·山西人民出版社
地　　址：	太原市建设南路 21 号
邮　　编：	030012
发行营销：	0351-4922220　4955996　4956039　4922127（传真）
天猫官网：	https://sxrmcbs.tmall.com　电话：0351-4922159
E-mail：	sxskcb@163.com　发行部
	sxskcb@126.com　总编室
网　　址：	www.sxskcb.com

经 销 者：	山西出版传媒集团·山西人民出版社
承 印 厂：	廊坊市祥丰印刷有限公司

开　　本：	880mm×1230mm　1/32
印　　张：	5.75
字　　数：	120 千字
版　　次：	2022 年 12 月　第 1 版
印　　次：	2024 年 3 月　第 2 次印刷
书　　号：	ISBN 978-7-203-10980-8
定　　价：	48.00 元

如有印装质量问题请与本社联系调换

译者前言

张意忠

我作为一个把交易当作兴趣和事业的交易者，非常喜欢阅读各种交易书籍。这本书是我喜欢的类型，当出版社找到我翻译一些国外的交易书籍时，我一眼就看上了这一本。

这本书的英文原版是今年在英国出版发行的，属于比较前沿的交易策略系统类的专业书籍。作者详细地描述了这些年他自己一直坚持的交易策略的具体内容、适用范围和应用实例。毋庸置疑，该交易策略非常适合作者戴维·班尼特和他的交易品种。他利用这个策略保持了他交易资金的持续稳定增长，而不是大多数散户的逐渐亏损或者是一直不亏不赚，白白地浪费时间和生命。一个好的交易策略系统就应该能够保持交易者资金的持续稳定增长。请不要过多抱怨财经金融环境的变化给自己造成多么不利的影响，更不要找些比自己亏得更多的散户姓名来为自己较小的亏损辩护，侥幸自己不是那个结果最坏的人。如果您不喜欢或者压根受不了交易这个跌宕起伏的行业，请您把自己的资金交给别人打理，然后选择适合您的行业，或者直接捐出那些对您来说无所谓的账户资金，帮助那些您愿意帮助的人，这要比逐渐亏损殆尽有意义得多。如果您喜欢交易这个行当，您需要做的就是直接面对现实，结合自身特点，勤修内功。争取做到面对止损后出现的亏损，觉得自己做得没错；面对账面上的盈利，及时跟进止盈设置，坚定持仓信心，多检查自己，确保自己没有提前出局，没有折断渴望腾飞的翅膀。在这一方面，我相信这个纯"进口"的交易策略，一定会让你在对股票、期货、贵金属现货和外汇交易的理解上有所启发。这也是出版社引进外文原版交易书籍的初衷。

中国有句古话：尽信书，则不如无书。本书亦不例外。适合戴维·班尼特的交易风格，未必适合您；适合您风格的时候，该交易策略也不见得就恰好适合您关心的交易品种和与其对应的交易规则。对于舶来品，鲁迅的拿来主义还是非常有现实意义的。取其精华，弃其糟粕。

建立适合您自己的交易策略，制定和完善自己的交易计划，锤炼自己的心理素质，严格执行和考核自己的交易计划，才是上策。

有关本书交易的一些策略欢迎读者与译者进行交流。

非常感谢在翻译过程中给予大力支持，并帮助图文校核的张崴、倪明和康民。

愿致力于交易的同志们，在交易生涯中，把跌宕起伏的蜡烛图曲线变成持续稳定上升的资金增长线。

序

本书涵盖什么

本书是针对大豆、小麦和玉米（即"谷物"）期货交易的。这些合约在芝加哥商品交易所（现在是美国芝加哥商业交易所集团的一部分）上市交易。本书仅考虑电子合约，因为不论在哪里，只要有可靠的互联网接入，任何人都可以有效地进行交易。

严格说起来，大豆是油料作物，不是谷物粮食类。但在本书中不愿称它们为"谷物和油料"，那样有点拗口，我简称它们为谷物。

本书不讨论权证、价差合约、价差赌注以及任何别的金融衍生品种，书中大部分内容是关于谷物期货交易的。事实上，有些跟我学习交易技术的交易者成功地把这些技术应用到普通股票交易中。本技术分析方法不局限于某一个金融市场。

虽然本书集中讨论日内交易（不是持仓过夜），但这纯粹是我个人偏好。没有什么东西阻止本技术分析方法应用到其他时间结构中，去识别交易机会和管理交易过程。

简言之，本书全是关于我如何在日内交易谷物期货，但我所采用的技术分析方法可以广泛地应用在绝大部分市场和时间结构中。

一些交易者或许希望看到我对更多交易技术的描述。但是别忘了，市场中存在着无数的交易风格和交易策略。而本书起源于一个项目，要确切地逐日记载我在市场交易时具体做了什么，和我为什么那样做。它着重描述的是我采用的交易风格和交易策略，而不是包罗万象。

本书为谁而写

本书适用于那些已经做过一些交易的交易者，正在努力探寻一个控制风险的同时又能够挣到合理利润且有严格纪律要求的方法。在市场中已经有些经验的交易者也会从中受益匪浅，因为本书主要记载实盘交易的过程，而不仅仅是交易理论。

我曾经为一些从未交易过的客户讲述交易技术。知道他们需要掌握什么知识。本书包含如何应用我的交易策略的全部信息，但它不是一本教科书。

举个例子，我在第八章对图表的介绍是非常简短的。它告诉你，你需要掌握什么信息，才能去应用我的交易方法，除此之外就没有别的了。它没有说要对图表做一个完全的介绍。

再举个例子，当我谈论下单类型的时候，我仅仅介绍那些用来实施我交易计划的单子，但我并没有去描述交易者可用的所有下单类型。如果我不需要它，我就不提它。

本书同样适用于新手，我觉得他们可以从中学到更多。但是他们应该有些思想准备，当在本书中碰到不太理解的地方，多查些别的相关内容。在这方面文中提到的书是非常有用的。

每个学科都有它自己的术语，交易也不例外。我已经普遍地解释了我所用的术语，但是因为我的目标读者是那些有一定交易经验的人，而一个完全不了解交易的新手或许在阅读中会碰到一些困扰他的术语。再次声明，书中推荐的术语会有所帮助，或者在网上搜索一下，会给你不少启发。

本书如何布局

当我进入技术分析类的书店，我找到几本交易书籍，坐下来，大概地浏览一下。在每一本书中我时常会发现有一章让我很感兴趣，我就跳过别的部分。我尝试着把这些感兴趣的内容集中到一本书上，让我很想从头到尾把它彻底读一遍。

我承认某些有经验的读者会跳过一些章节，这些章节保留下来的原因是：我想让这本书成为一个对我遵循的交易策略的完整描述。例如，一些对图表的基本介绍，在它的上下文中是必不可少的，因为图表对我的交易策略是非常重要的。

如果作为一个读者，我或许会很快读过前几章，而当我读到第九至第十四章时会慢下来，那些章节真实地描述了我的交易策略。然后，我会花很多时间研究第十五和十六章的图表，去看看如何在具体实践中应用这个交易策略，并因此确保我完全理解这套交易理论。我会再次快速阅读最后三章。

然而，我比较偏爱这本书。我觉得几乎每一章都包含一些让您有所启发的内容，即使是老练的交易者也会从中受益。否则，我宁可把它们删去。

致　谢

　　非常感谢 Interactive Brokers 经纪公司授权出版他们 TWS 软件上的图表。

引　言

我被手机上闹钟的铃声惊醒，正是美国芝加哥早晨9：15，而我所在的澳大利亚昆士兰州时间刚好是夜里零点过十五分。

演出时间到了！

我泡了一壶茶，登录交易软件，调出我的交易屏幕，在电子表格计算器中更新各种初始值。

一切都准备好了。

就在00：30，当在芝加哥商品交易所的谷物期货交易池开盘时，蜡烛图准时鲜活地跳动起来，开始了生机勃勃的一天。虽然交易池中一些穿着漂亮夹克的交易员还在歇斯底里地互相叫喊着，用怪异的手势传递着交易信号，但是现在像我一样的大部分交易者都在进行电子化交易。

在00：34，两根蜡烛线已经在我的图表上形成。如果市场向下突破，我就有了一个做空的机会。鼠标点击一下，我设置了一个入场单。三十秒后单子被触发，我已经在市场中了！做空7手玉米合约。鼠标又点两下，我设置了止损单和止盈限价单。

在 00：42，利润目标达到，限价单被触发，我的头寸平仓了。每手合约我挣了 6 个点，共 42 个点，每个点 50 美元，总共获利 2100 美元，减去 45 美元手续费。

我慢慢地喝着剩下的茶，搜看着网上晨报的头版新闻。在溜回床上之前，看看我的小儿子有没有把被子蹬掉。

目　录

第一章　简介

我以日内交易谷物期货为生。

这是非常理想的生活，我热爱这种生活。交易不仅仅是我的工作，而且是一个令我神往、让我上瘾的爱好。

更直接些，它是这个世界上最好的工作。

本书告诉你如何使用技术分析做交易。虽然不能保你富有，但是如果你认真做，你就会有所收获。

以交易为生，就是说我对长线可获利的交易系统不感兴趣，那是以长年累月的亏损作为代价的。我要让持续几周的亏损很少出现，连续几个月的亏损从来碰不到。

这不是通用的交易教科书。我专注于一小片具体的交易市场，研究如何对它进行交易。本书也没有包含任何关于交易心理学的内容。在这个问题上，我想说的一个就是交易计划，另一个更重要的是坚持恪守计划的毅力。

市面上有很多教科书，如果你研究这些资料，你会很快碰到三个重要的交易理念：

1. 支撑和阻挡；

2. 趋势是你的朋友；

3. 最好让利润飞翔，让亏损迅速停止。

正常情况下上面的三点内容出现在第一章或者第二章，然后作者开始深入讨论书中最有味的主题。它或许是深奥的技术分析、复杂的权证技巧、普通套利交易，或者是季节性的不同合约间的套利模式，以及别的什么内容。

毕竟，交易是为强者准备的，不是吗？

好消息是：这三个非常基本的交易理念，蕴含了在瞬息万变的交易市场中取得成功的智慧。可悲的是：很多刚入市的新手一次又一次地把它们跳读过去，随后直接英勇地冲向市场，却被市场击得粉碎。

理念是一方面，把它们转化成可盈利的日内交易策略却是另外一件事。这就是本书的目的，它向你展示我是如何做的。

注释：本章说明了交易中最基础也是最重要的三点交易理念，技术分析中凡事万变不离其宗，不管是主观交易还是机械化、量化程序交易都是以这三点作为核心来展开的，所以，投资人应该重视它，万丈高楼平地起，基础不牢怎么进行下去呢？

第二章　为什么选择交易谷物期货

我经常被问到，为什么我交易谷物期货，而不是火热的股指期货、国债或者外汇。答案是，我发现谷物期货交易起来更容易更方便，我会交易其他商品，但并不常见。

波动

日内交易者喜欢看似反复无常的波动，谷物有更多的理由让你高兴。在每个交易日没有大幅的价格变动，没有足够大的空间让一个日内交易者去获取较好的利润。每个交易日每蒲式耳的价格，向上或向下变动20到60美分（有时候更多一些）。可是当你考虑到对一手合约而言，价格每变动一美分就是50美金的盈利或亏损的时候，你就会觉得每个交易日都有相当多的获利机会。

一般情况下，玉米波动最小，大豆波动最大，小麦居中。各品种的保证金水平也反映了这一点。（近来，小麦的波动比大豆还大，保证金水平也提高了，但这不是历史上经常出现的状况。）

交易量

日内大幅波动非常好，但你也需要较大的成交量配合，才能做好日内交易。否则，成交价差会对你的实际交易结果造成非常不利的影响。谷物类主力合约在这方面都没有问题，一般情况下，玉米的成交量最大，其次是大豆，小麦最小。

在大多数市场条件下，你的止损单实际成交价与设定止损价会有大约四分之一点的成交价差，但是最近对于小麦允许二分之一点（0.5美分）的成交价差是比较明智的。

交易时间

我喜欢在开盘的时候交易，那个时候成交量最大，价格变化迅猛。对于24小时股指期货和外汇交易来说，不再有清晰可辨的开盘和收盘。然而谷物在9：30（美国中央标准时间）有明显的开盘。对于我的交易风格而言，这是巨大的优势。有些别的传统商品也有清晰的开盘，例如咖啡和棉花，但是它们的成交量不像谷物那么大。

说到时间，谷物也有另外一个优势。每个交易日的主体交易时段仅有三小时四十五分钟（09：30-13：15美国中央标准时间），别的合约都有更长的主体交易时段。我不了解你，但是我比较喜欢一天四个小时的交易，而不是一天八个小时！

合约术语

我交易的这三个谷物合约都有同样的合约规则：

每蒲式耳谷物一美分价格变化（即一个点的变化）对于一手合约（交易单位每手 5000 蒲式耳）来说就是 50 美元，最小变动价位是四分之一点（即一个 pip）。这与非常热门的标准普尔 500 E-mini 期货合约是一样的，所以熟悉那个品种的交易者交易谷物时都会觉得挺舒服的。

最后，我有一个纯属个人主观性的观点：谷物类商品期货交易起来感觉容易一些，国债和股指期货交易量太大。毋庸置疑的是，大机构参与者会安排水平最高的交易者进行交易，谷物市场或许会被安排较次一点的。

愿意把哪个作为交易对手呢？

注释：对于交易品种的选择，可谓仁者见仁智者见智，只要符合你自己的个性喜好和交易系统就可以了，没有什么其他特殊的原因。

第三章　为什么选择日内交易

当我不再被问及为什么交易谷物期货，我开始被问到为什么只做日内交易，特别是当日内交易遭到很多评论家和网络博主非议的时候。日内交易区别于其他交易风格的关键所在，是所有开仓头寸都必须在日内交易时段结束前平仓出局。

立刻满足

我是一个没有耐心的人。当我下班的时候，我想知道我今天做得怎么样。我不想等上几天、几周或者几个月才知道结果！昨晚我下单后等了半个小时，单子才入场，大约在市场中待了五分钟时间，挣了 1000 美元，就睡觉去了。

减小风险

期货是杠杆化的交易品种，这就是我为什么选择它们的原因，可以用较少的资金挣更多的钱。但是我已经交易了很长时间，我学到的一件重要的事就是交易杠杆化的品种时，你想缩短单子在市场中的时间，因为这些品种风险较大。

现在，作为一个保守的日内交易者，我计划一天最多交易一次，不论是否盈利，收盘前我都会平仓掉。这意味着我的资金处于有风险的时间是最短的，剩余的时间它都安全地待在账户上。

看看我昨晚的交易

都算起来，我的资金暴露在市场中的时间仅仅是 5 分钟多一点。我在等待单子被触发的时候，**它是安全的**。我平仓后，**它是安全的**。当市场收盘时，**它是安全的**。

市场恐慌出现的概率比你想象的要大得多。战争、自然灾害、恐怖袭击和政府行为都可以引起市场过激反应，而且它们很可能发生在市场收盘以后。

你不知道什么灾难会突然降临市场。我曾遭受的最大损失是一头牛引起的！

曾经有一段时间，活牛合约价格持续稳定上涨，当时持仓获利大约 18000 美元，我正沉浸在这个成功交易带来的喜悦中。可就在 2003 年圣诞前夕，有人在美国发现了一头疯牛，结果活牛合约价格直线跌停。

我正在新西兰度假，我在圣诞节凌晨登录交易软件，发现持仓亏损超过 280000 美金。

有些圣诞礼物就是这样！

而且，市场连续跌停。过了几周，我终于能够平仓，才静下心来，舔了一下血淋淋的伤口。

在那种情况下不要指望止损单会保护你。当市场疯狂时，价格会直线击穿止损价，使你遭受远远大于你能够考虑到的损失。相信我，最安全的地方就是坐在一边当个旁观者。

现在我就像计划外科手术式突袭一样计划我的交易，尽快地进出市场。并且我从不在正常交易时段以外保留杠杆化交易的仓位。

稳定的利润

所有交易方法都有产生亏损的时候。举个例子，我去年有段时期，一开始就是一连 6 个单子亏损，然后是盈利和亏损混在一起。合计在一起，直到 24 次交易单子之后我才开始恢复盈利。对我而言，那等同于大约 28 个交易日（有四天我没有交易），比一个月还长。

在前些年，我曾经在 S&P500 E-mini futures 上采用一个优秀的反周期交易系统，它一直让我保持持续盈利，平均每次交易持仓时间大约是 9 个交易日。

如果用这个方法连续进行 24 次总计亏损的交易（这是非常可能的），在时间上就意味着我差不多亏损了一年，但这确实是一个**挺好**的交易策略。

如果你有另外一份工作，那还可以，交易只是一个爱好。但我是用交易来谋生的。我要买食物、付账单、养孩子。我知道期货交易从来就不会产生一个稳定的薪水，其本性就是不停地来回波动。即便如此，我也不想持续一年没有盈利。

既然我开始日内交易，我会很快度过亏损时期，再次恢复盈利。最近我没有太多的周亏损，月亏损更是非常少，这样就能保证持续稳定的盈利。

轻松愉快

你觉得即刻满足、风险小和稳定盈利合在一起带给你的是什么呢？那就是：轻松愉快。

危机算什么？

我只注重眼前的这个交易日。

我登录，我看着第一根蜡烛线画在屏幕上，我等着一个熟悉的模式出现。如果确实出现了，我就立刻潜入市场，希望在又一次跳回到安全地带之前，出现一个快速盈利。

我不在乎市场是否因为一个突发消息而疯狂上涨，或者即刻崩溃。我不在乎是否天塌地陷，是否次级债已经触发了世界末日。这些情况都不会对我产生影响。

> 我所关心的就是大豆、玉米或者小麦现在的价格变动，当前这一刻的变动。

当然如果道琼斯指数跌 5 个点，或者小麦达到一个历史高点，我会注意这些，而且被强烈地吸引住。但是这些并不影响我做什么或我怎么做。我就喜欢这样的感觉。

有什么缺点吗?

当然有！提醒你，一些评论家琢磨出来的一个老掉牙的废话就是：市场在短期内就是不可预测，不可能挣到钱。日内交易者注定要被短期市场波动击溃，消失得无影无踪。唯一的希望是长线交易，这真是可以获得"专利"的废话。

短期价格曲线不可能与长期价格曲线有明显区别。去掉那些标注时间和价位的数字，把一幅单个交易日的两分钟图和一幅涵盖几年的月线图放在一起，我想那些评论家也找不出二者的区别。它们同样显示了趋势、支撑、阻挡和空间范围等等。

日内交易的真正问题是交易费用。任何一次交易都有固定的成本，包括经纪商的手续费和成交价差。长线交易者寻找大趋势，固定费用仅占他们期望获利的很小一部分。与此相反，日内交易者定位在小趋势、小利润。固定费用可能很容易在计划利润中占据一个很大比例，甚至把整个利润吞噬掉。

　　这就是为什么不是所有的市场都适合日内交易。这些市场必须有较大的日内波动，才能确保目标利润远远大于交易费用。也必须有较大的成交量，把成交价差压缩到最小。这就像在任何投资中，你都需要缩减你的费用一样。

　　注释：日内交易的优缺点显而易见，优点：风险可控，利润比较确定，持仓时间越短，风险越小，所谓持仓在手犹如刀刃在手，持币犹如刀柄在手，这也是如今高频交易盛行的原因之一，其实若论收益高低，高频交易不输于其他任何一种交易方式，原因就是高频控制了风险，确定了利润，积累小胜最终大胜，在投机市场永远是风险第一，赚钱第二，控制好了风险利润自然而来。缺点也很明显，就是很容易放过一些大波动。总之，日内和隔夜都是因人而异，只要操作者本人觉得心安顺手就可以了。

第四章　全是赌博

生活是有风险的

你或许读过一些其他的书，作者声称交易不是赌博，好像赌博是个肮脏的词。他们特地表明，采用他们独特的方法进行恪守纪律的交易与赌博是截然不同的。

对不起，本人有不同意见。

基本上你用钱做的每一件事都是赌博。

你可以把它放到你的床垫下。其实你已经打赌小偷不会偷你的钱，它的价值不会被通货膨胀侵蚀。

你可以把它投资在银行的储蓄账户上。其实你已经打赌这些银行不会碰上什么金融问题而冻结你的资金，或者直接化为乌有。

你可以买钻石。其实你已经打赌你不会丢失它，即使有人用廉价的钻石充斥市场，其价值也不会贬值。

你可以买股票。其实你已经打赌你所买股票的公司会经营成功，股票价格会持续上升。但是这个公司或许会像安然公司一样突然崩溃。

你可以购买房产，其实你已经打赌房价会持续上涨。世界上有很多人按揭贷款买房子，因房价暴跌而还不起月供，结果房子被银行没收拍卖，这就是房价不会总涨不落的最好证据。

你可以把你的钱投入避险基金。其实你已经打赌那些聪明的年轻人和他们最新超级计算机提供保障的混沌投资模型不会产生亏损。

或者你可以开个期货交易账户，其实你已经打赌你挑对了市场，顺应了趋势。

事实上，当你想到这些，在生活中你做的大部分事，都是一种赌博。开车、飞行、游泳……

那么，为什么有些事情不被认为是赌博，而有些被认为是呢？

这都与胜算概率有关。如果不好的事情发生概率非常小，我们大多数倾向于把不好的方面忽略不计，而不把整件事情作为赌博看待。另一方面，当风险对于大多数人来说明显较大，大多数人倾向于不顾一切地避开它，把它当作赌博，把承担这种风险的人当作赌徒。

在金融领域，低风险赌注的回报总是小于高风险赌注的回报。没有人会从最小风险的投资中得到超级回报。这就是所谓的高收益来源于高风险。

我的事业

我把交易当作一种赌博。

每一个交易日我下一个赌注（偶尔，我选择观望）。

的确有时候我的赌注下错了，我会输掉一些钱。但是如果我是对的，利润将是非常可观的。

这就是我选择从事的事业。如果我占据的盈利概率较大，加上谨慎地管理风险，我就会成功。

何时这种赌博会得到报酬

当你占据更大的胜算概率时，它就会报答你。就这么简单。

赌场主喜欢和你赌博，是因为所有的游戏都设定了他们占据更大的盈利概率。随着时间的流逝，赌场赢得多，输得少。

这并不意味着赌场从来不输，而且没有交易者会认为他们每次都能盈利。

风险管理是交易非常重要的部分，但成功的交易者知道，承受亏损就是成功盈利过程中的一部分。

把盈利的胜算放在你这边

从长远来看，如果一个交易策略拥有统计学意义上的正期望值，它就会盈利。这样，你可以通过很多途径获得盈利，但是下面是我选择的交易原则：

一、我要在至少一半的交易中获得盈利。

二、我要确保盈利的平均值大于亏损平均值。

如果我在很长的时期内都达到了这两个条件，加上我适当地管理交易风险（这个我以后会谈到），并且我也有良好的资金管理，我就在通往成功的道路上。

一个盈利的策略只在有大量的机会去应用它的情况下，才能发挥它的作用。因此，对于一个可盈利的交易策略，我要求它具备第三个原则。

三、我要在至少 80% 的交易日中发现交易机会。

就像你会在后面章节中看到的，我在每一个交易月末都会对照着以上三个原则检查我的交易记录。

注释：延续上一章内容讲述风险控制是稳定盈利的基础。对于风险而言，不加以控制，对交易的每个细节不全面了解，就相当于赌博，不仅交易如此，人生也是如此，纵观金融市场上凡是成功人士无不是谨防风险，时刻提防，稳步推进，绝不会孤注一掷，置自身于险地，而那些冒险一搏，凭借运气而登顶成功者决不能持久。

第五章　全是关于风险管理

我一旦在期货交易中开仓，我的资金就在那跌宕起伏的价格线上了。期货是杠杆化的交易品种，因此，如果我不采取合适的预防措施，我可以很快输掉比实际占用的保证金多得多的钱。

你或许已经注意到，我对于杠杆化的投资风险有一个清醒的认识。如果你还没有这种警觉，就贸然进入这样的市场，它迟早会给你一个教训。不要用最艰难的方式学习。

充分的硬件配置

风险管理的某些方面更多的是一个纯粹常识的问题。例如，我需要确保我的交易硬件配置像它能够做到的那样可靠，以及如果想不到的事情发生，我已经有应急预案去对付。这就像对诸如下面这个问题准备好答案：如果网络连接失败，我该如何处置？（我在第十八章会探讨硬件配置方面需要注意的问题。）

交易必设止损

风险管理的另一方面，更多的是关于具体的交易策略。我下单必设止损。止损不是一个完美的保障机制，但在我看来对于想不到的事情它仍旧是最可靠的保护措施。

恪守纪律的交易者在下单之前都明确地知道止损要设在哪里。

那么为什么不立即下止损单呢！

我不是一个完全靠心理感觉来止损的爱好者。交易者或许没有在最适合的时间采取止损，或者相对于快速变化的市场，止损反应较慢，或者（这比较恐怖）网络连接在这最关键的时候突然断了。

止损单成交容易是我偏爱日内交易的另一个原因。甚至在快速跳动的市场条件下，我的止损单通常在与指定价格非常接近的位置被触发成交。相反，如果市场开盘跳空，一个较长线交易者的止损单很容易在距离目标价较远的位置被触发成交。

一次赌注多大？

在每一次交易中，最基本的风险管理概念是下一个多大的赌注。

我下的赌注越大，越能挣更多的钱，或者亏掉同样的钱。

如果在每一次赌注中都押上所有的资金，当我碰到我的第一次不可避免的亏损时我就会爆仓破产。

那么，我应该怎么做呢？

我应该把每一次赌注刚好限制在我所有资金的 50%，或者 25%，或者 10% 吗？

一些自杀式交易者以直觉为基础提倡百分比风险，比如说，"10% 应该就行了"，或者依靠一个被称为**最优值 f** 的数学计算。

> 但是永远不要忘记：即使一个交易策略在一半的交易次数中能够盈利——从长远来看——它仍然会有连续失利的时候。迟早会有一连串五六次的持续亏损。

如果你刚开始你的交易生涯，每次交易都冒你所有资金 10% 的风险，结果遇到了五次连续的亏损，试想一下你感觉会怎么样？

我告诉你，你会感觉糟透了。你或许会放弃交易，或者开始采用另一个不同的交易策略，因为"这个不行"。（不要忘记：墨菲法则说当你停止使用它的时候，这个策略就开始了一连串的连续盈利高峰。）

我的经验法则如下：

永远不要在任何一次交易中冒总资金 5% 以上的风险。理想状态下，把每一次交易的总资金亏损风险降到 1.5% 以下。

一个具有正期望值的好交易策略应当采用 1.5% 的资金风险比例，以确保交易者资金安全，远离爆仓破产。5% 的资金风险比例通常给出一个逃命的机会，但是仍然比它听起来具有更大的风险。

那么，我为什么不直接提倡采用 1.5% 的风险水准，而且照此去做呢？

这个答案与我的交易资金有关。

采用多少交易资金？

比如说在我每次止损出局前，我的交易策略一般要求我每手合约冒 200 美元的风险。对于 10000 美元资金，1.5% 是 150 美元。这样，我发现如果不违反 1.5% 的风险比例，我就不能在这个市场中交易。

对于 20000 美元资金，1.5% 是 300 美元，这意味着我可以交易一手合约。两手合约（400 美元风险）就会违反我的风险比例。

另一方面，如果我决定采用 5% 的风险比例，我可以用 10000 美元资金交易两手合约，因为 5% 的交易资金是 500 美元。两手合约，冒 400 美元的风险，这是在我的风险允许范围内的，但是三手合约会把风险提高到 600 美元——太大了。

在实际操作中，很多交易者没有足够的资金去把他们每次交易的风险刚好限制在交易资金的 1.5%。我的建议是：如果你确实因为资金有限需要开始冒大于 1.5% 的风险，在你交易生涯的路上，要注意尽可能减小风险比例。

别让最多可交易手数决定赌注的大小

保证金对于经纪商而言是一个风险管理机制，不是对我而言。如果我交易一手玉米的保证金是 2000 美元多一点，对于一个 10000 美元的资金账户，我的经纪商最多会允许交易四手合约。那就意味着即使按 5% 的风险比例计算，其交易手数也已经达到我的交易策略所能允许交易手数的两倍。

购买尽可能多的合约——即达到经纪商所能允许的手数——会不可避免地引起太大的风险。千万别这样做。

仅在限定的风险范围内下好你每一次赌注，是你保存资金实力的基础。

注释：风险再怎么强调也不为过，这里讲述了控制风险的核心：开仓手数多少为合适，一般风险控制在总资金的5%以内，单笔开仓风险控制在1%至2%以内，这是长久生存的最佳比例。

第六章　我交易什么

交易期货合约的需要

　　我交易谷物期货合约——大豆、小麦和玉米。也存在别的谷物期货，但他们的交易量不足以引起我的兴趣。

　　像所有的商品一样，谷物在现货市场上也有其确切的现金价格，它们可以在开放的市场上以此为基础买来卖去。麻烦的是这个现货价格不断地在变，暴风雨、干旱、政府决策和战争都可以引起价格大幅波动。

　　种植谷物的农民和把谷物作为原材料的商业企业很早就认识到，他们需要一个更好的价格机制去管理他们的业务。仅仅依靠现货价格，让他们对于未来意想不到的价格变化感到难以应付。他们想要提前知道他们将来的谷物会在什么价格下成交，这样他们可以更好地运营他们的业务。

　　期货合约应运而生，他们可以在具体经营活动中，用这个工具来管理风险和减少不确定性。

做多和做空

谷物期货合约在其最后交易日就被最终确定下来。例如，一手玉米期货合约，就是一个当合约到期的时候，在指定的地点按照约定的价格交易 5000 蒲式耳标准级别玉米的协议。

该合约的一方或者做空或者做多合约。做多的一方买入约定的玉米，做空的一方卖出约定的玉米。

对于谷物合约，食品制造商通常做多买入，以确保按照已知的价格在未来某个特定的时间获得原材料的供应。农民通常做空卖出，以确保按照已知的价格售出未来的收成。

投机者

一手谷物**期货合约**换手的价格，代表着市场参与者关于在未来某个时间合约到期时现货价格的最佳猜测。

现货价格指标定商品正在市面上进行交易的具体价格。

通常，但不总是，期货价格倾向于与对应商品的现货价格保持同步变化。

商业上的供需双方不是唯一的期货市场参与主体。实际上，如果仅有他们参与期货交易市场，该品种期货将缺乏流动性。期货市场流动性是由像我一样的大量投机者们提供的。

我没有兴趣发送或者接收大量的谷物，但是在期货市场价格随着现货供需变化而产生上下波动时，我寻找其中的获利机会。

期货合约不是个性化的，这就是说它们可以在期货市场上自由地流通。当我买入或卖出一手合约时，我就承担了相应的购买或售出义务。但是我可以平仓，就是通过卖出或买入同一品种另一手合约，来解除这些义务。

合 约

谷物期货市场是最古老的期货市场之一。这些合约在美国芝加哥商品交易所（CBOT）挂牌交易，该交易所最近与芝加哥商业交易所（CME）合并成芝加哥商业交易所集团（CME group）。

完整的合约条款可以在芝加哥商业交易所集团的网站www.cmegroup.com 找到。交易者必须熟悉下列信息：

表 6.1：谷物合约细则

合约条款	内容
交易单位和交割品级	例如，2 号黄豆的大豆期货合同是 5000 蒲式耳，小麦和玉米也是每手 5000 蒲式耳。
最小变动价位及其对应价值	大豆、小麦和玉米的最小变动价位是 0.25 美分每蒲式耳，等于 12.5 美元每手。
报价单位	大豆、小麦和玉米的报价单位是美分/蒲式耳（比如 631.25）

（续表）

合约条款	内容
合约月份	大豆每年合约月份有：一月、三月、五月、七月、八月、九月和十一月。小麦和玉米每年合约月份有：三月、五月、七月、九月和十二月。
合约最后交易日	合约交割月份的十五日
合约代码	通常涉及的有两种合约代码。一个就是传统的现场交易合约代码，另一个就是电子交易合约代码。但我仅用电子交易代码，大豆ZS，小麦ZW，玉米ZC。
交易时间	电子盘合约可交易时间比现场合约要延长很多，但我仅在传统现场交易的主体时间内交易电子盘合约，因为延续时间内的电子盘成交量太小。我交易合约的现场交易时间是周一到周五，09：30—13：15 美国中央标准时间。
每日价格最大波动限制	正常情况下大豆是 70 美分，小麦是 60 美分，玉米是 30 美分。但是，在连续涨跌停时可以扩板。参阅第十三章。
合约保证金	这指交易每手合约所需的最小资金。每个经纪商对各个交易品种会有所不同。

交易主力合约

新手交易者有时候担心陷入交割一大堆谷物的麻烦之中，但如果我总是交易主力合约（最大成交量的合约），并确保我在每一个交易日收盘前平掉所有的仓位，就不会陷入实物交割的风险。

我的总体原则是：永不在某一期货品种到期月对它进行交易。在到期月前的那个月份的最后几个交易日期间，我会转到新的主力合约进行交易。例如，2009 年 5 月，我会交易 2009 年 7 月的玉米合约，接近 6 月末时我会转到 2009 年 9 月的合约（下一个可交易的合约）。

> 注意：八月和九月的大豆合约成交清淡，因此在六月末最好直接转到十一月合约，完全跳过八月和九月。

合约代码

我的期货经纪商（Interactive Brokers）仅要求我知道我交易合约的订单编码。输入编码后，我可以在菜单中直接按合约到期月份、年份选择要交易的合约。

某些经纪商仍然要求交易者用订单编码加上月份代码和年份来代表目标合约。

月份代码如下：

F 一月 G 二月 H 三月 J 四月 K 五月 M 六月 N 七月 Q 八月 U 九月 V 十月 X 十一月 Z 十二月

例如，我可以用 ZSX9 指定 2009 年 11 月到期的电子盘大豆合约。(ZS：电子盘大豆合约；X：十一月；9：2009 年。)

不是所有的经纪商在期货品种编码方面都一样，他们或许采用别的排列，如：ZSX09、ZS9X 以及 ZS09X。

价格类型

交易者可以看到三个相对期货合约的价格。

Bid 价格（买价）是某个人准备买入合约的价格。

Offer 价格（卖价）是某个人准备卖出合约的价格。

Last trade 价格（最新成交价）是最新成交的价格。

例如，在某个具体时刻我或许看到最新成交价 607.25，同时还有买入价 607 和卖出价 607.5。

假定最新成交价是 607.25，买入价是 601 和卖出价是 612。这是一个较大的买入/卖出价差的例子。在这种情况下，交易者会试着通过谨慎地下单来改善报价。买家不是直接接受 612 的卖出价，或许会报出例如 605 的买价；同样，卖家或许会报出例如 608 的卖价，希望某一个比较积极的买家会直接接受这个卖价。

然而，在主要交易时间段内，对于谷物期货电子盘来说，买入价、卖出价和最新成交价每秒变化好几次！在关键支撑和阻挡处更是如此（本书后面将讨论）。这时候交易屏幕上的报价数字简直就是混在一起。

本书中当我说到**价格**时，我是指**最新成交价**。

在主体交易时段，谷物期货主力合约电子盘一般情况下买入价和卖出价的价差仅仅是 0.25 到 0.5 美分。但是，当该合约不是主力合约，或者在非主体交易时段主力合约成交比较清淡的时候，就会出现更大的成交价差。

　　注释：对于新手可以了解本章内容，它讲述了市场运行的机制之一，对于老手可跳过。

第七章　投机交易者做什么

在实盘交易过程中，我下赌注赌某个谷物期货合约价格是上涨还是下跌。如果我认为价格会上涨，我开多仓。如果我认为价格会下跌，我开空仓。有时候我不确定是上涨还是下跌，我就会坐在一边等着。

在期货市场中，我可以同样容易地开空仓或者开多仓。

要开始一个**做多交易**，我买入一手或多手合约。当我卖出同样数量的合约时，我就平仓了。

要开始一个**做空交易**，我卖出一手或多手合约。当我买入同样数量的合约时，我就平仓了。

做空交易是什么

当我第一次开始交易时，我对于做空交易这个概念不怎么清楚。

我怎么卖出我没有的东西？

要记住的是，当我做空一手合约时，我立刻就承担了在合约交割日期发送 5000 蒲式耳谷物的义务。如果这个时候我没有谷物，没问题，我需要做的就是在合约到期日前买回等量的谷物。如果我买的比较便宜，那么我就会在这个交易上获利。

期货市场

谷物期货合约在美国芝加哥商品交易所交易，这个市场已经简化了整个交易过程。

首先，它提供一个可电子化交易的市场，各种合约可以非常轻松地买来卖去。

它自动计算我的净仓位。如果我已经买了 3 手合约并且卖出 4 手合约，它就会显示我的净仓位是空仓一手合约。

甚至更好的是，它仅仅要求在合约到期日持仓的交易者进行实物交割。我的所有交易通过现金结算。

它按照下面的交易方式运行。

做多交易

假如我认为玉米价格要上涨，就在 607.25 美分价格处买入 4 手合约。

如果我做对了，几分钟后价格上升到我的目标价位，我在 611.75 美分处卖出 4 手合约。

　　既然我买入又卖出了4手合约，我不再持有仓位，我的资金也不再处于风险之中。

　　在这个交易上我的利润是611.75－607.25＝4.5美分每蒲式耳。每手合约有5000蒲式耳，因此这等于每手225美元。我交易了4手，则利润合计是4 X ＄225＝900美元。这个利润（减去手续费）立刻在平仓时就显示在我的交易账户上。

　　如果我做错了，当价格下降到我的止损位时，我会平仓。暂定我在605.25美分处卖出4手合约。

　　在这个交易中我的亏损是605.25－607.25＝－2.0美分每蒲式耳，每手100美元亏损，对于4手合约亏损合计等于400美元（实际亏损仍需加上手续费）。

做空交易

　　假如我认为玉米价格正在下跌，就在607.25美分价格处卖出4手合约。

　　如果我做对了，几分钟后价格下降到我的目标价位，我在602.75美分处买入4手合约。

　　既然我卖出又买入了4手合约，我不再持有仓位，我的资金也不再处于风险之中。

　　在这个交易中我的利润是607.25－602.75＝4.5美分每蒲式耳。每手合约有5000蒲式耳，因此这等于每手225美元。我交易了4手，则利润合计就是4 X ＄225＝900美元。

这个利润（减去手续费）立刻在平仓时就显示在我的交易账户上。

如果我做错了，当价格上升到我的止损位时，我会平仓。暂定我在 609.25 美分处买入 4 手合约。

在这个交易中我的亏损是 607.25-609.25=-2.0 美分每蒲式耳，每手 100 美元亏损，对于 4 手合约亏损合计等于 400 美元（实际亏损仍需加上手续费）。

上涨或下跌？这并不重要

你可以看到，投机者对于下赌注赌价格上涨或下跌是同样的容易。做多交易在价格上涨时盈利，在价格下跌时亏损。做空交易在价格下跌时盈利，在价格上涨时亏损。

非常简单，非常对称。

我发现刚开始交易的新手通常了解做多交易，已经在别的什么地方买过一些股票。但是必须做些功课认真对待做空交易。

市场接入

像我一样的普通投机者没有直接进入交易所市场进行交易的许可，我必须通过一个期货经纪商。经纪商在我和交易所市场之间提供了一个软件接口平台，软件允许我计划交易、下单和管理账户，全都是通过互联网完成。

经纪商在每一次期货交易上收费。我的经纪商每手收取 3.05 美元费用。在前述的第一次做多交易中，我买入 4 手合约，然后卖出 4 手合约平仓。那就是总共交易 8 手，因此我整个交易的手续费是 8 X 3.05＝24.40 美元。

> 我选用 Interactive Broker（www. interactivebrokers. com）作为我的经纪商，就我所知道的而言，他们以服务、质量和价格而著称。（请注意我不是必须住在美国才能去用美国的经纪商。）

注释：与上一章节同属于基础，对于新手可以了解本章内容，它讲述了市场运行的机制之一，对于老手可跳过。

第八章 图表

追踪交易资金

价格图是非常重要的，因为它们使我能够追踪价格变化。大机构通常有专门的分析员，研究世界各地谷物市场。我没有这种资源和信息去与他们竞争，但这并不重要。

如果分析员认为价格会涨，他们为之工作的机构就需要采取行动。他们的行动不可避免地会在价格图上通过价格变化反映出来。

我把我自己看作一个有经验的追踪者，而不是一个市场分析员。我的任务就是在图上寻找大资金的踪迹，一直跟踪到趋势尽头。

大资金会尽其所能隐藏自己的踪迹，把我甩出他们的轨道，而且频频胜利。但是我也常常挂在他们衣服的后角上，分到属于我的那杯羹。

蜡烛图

　　图表描绘出我感兴趣的谷物期货品种的价格运动。虽然它们可以是任何时间结构，但我习惯使用两分钟蜡烛图。这就是说，交易时段的每两分钟就会产生一个独立的蜡烛线。

图 8.1

图 8.1 是一个两分钟蜡烛图，它展示了一个玉米交易日的价格运动。

左轴以美分为单位显示价格，水平轴显示（昆士兰州）时间。（交易时段在芝加哥从 09:30 开始到 13:15 结束，在昆士兰州我这里按照是否采用夏令时，交易时段从 00:30 到 04:15 或者从 01:30 到 05:15）

在这张图上每一根竖直蜡烛线代表其对应两分钟期间的价格运动。

蜡烛线一般都有一段蜡烛体表示在此期间的开盘价和收盘价（本例指两分钟），并有一个上影线向上指到所示期间的最高价，一个下影线向下指到最低价。

出于传统习惯，蜡烛体用粗线表示，上下影线用细线表示，蜡烛体的颜色表示所示期间整体的价格运动方向。

你可以用任何你习惯的颜色选项。我使用蓝色蜡烛体表示价格上涨，红色蜡烛体表示价格下跌，上下影线我用黑色。

解说蜡烛线

请看一下第一个竖直的蜡烛线，我称它为蜡烛线 1。

蜡烛线 1 告诉我在交易时段的最初两分钟价格变动的故事。蜡烛体是红色的，因此我知道收盘价低于开盘价。看看这个红色的蜡烛体，我看到价格开盘在 617.5，收盘在 617。从上下影线上来看，我看到在这两分钟期间价格到达最高价

617.75，最低价616。

蜡烛线2讲述接下来两分钟的价格故事。它是蓝色的，因此我知道对于这两分钟而言收盘价高于开盘价。蜡烛体显示价格开盘在617，收盘在618.5，上下影线告诉我最低点在616.75，最高点在619。

蜡烛线3告诉我再接下来两分钟发生的故事。蓝色的蜡烛体向我显示价格开盘在618.25，收盘在619.75，下影线告诉我最低价在618，没有上影线，说明价格在此期间收盘在最高价619.75。

有时候没有蜡烛体。看看蜡烛线16，这个蜡烛体就是线上的一个点，这说明开盘价和收盘价是一样的：619.5。上下影线向我显示该期间最高点是619.75，最低点是618.25。这种类型的蜡烛线被称为**十字星**。

Interactive Brokers 的交易平台给我提供了强大的图表功能，允许我在每一根蜡烛线形成时展示其实时变化。我使用它寻找正在发展的特定模式，这向我指示何时下单交易，按什么方向交易，我的止损应该设在哪里，我的目标价位在何处。我如何做这些将在随后的章节进行解释。

注释：对于新手可以了解本章内容，它讲述了市场技术分析的基础之一，对于老手可跳过。

第九章　支撑和阻挡

我喜欢在开盘的时候交易。这个时候交易活跃，成交量最大，价格经常剧烈波动。对我而言这是个充满机会的时刻！

但这也是我没有太多信息去参考的时候。或许市场开盘高于或低于它前一天的收盘价，但是我发现这并没有给我更多关于当天趋势方向的提示。

对我的挑战就是，尽快找到趋势倾向和识别潜在的交易机会。本章简要描述了我用来识别交易机会的原则，下一章讨论具体的入场准则。

图表上的转折点是至关重要的

图表揭示了以前市场转向的价位。这些价位或许就是回撤前市场达到的峰值，或者市场反弹前市场达到的低点。这些峰值形成阻挡，低点形成支撑。

支撑和阻挡价位是大多数交易者选择交易的位置。

不论何时价格接近一个以前的支撑和阻挡价位，多空双方的战争就随之而起。多方在买，空方在卖，日内交易者见证着这些急速的交易对决。

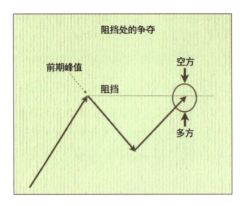

示意图 9.1

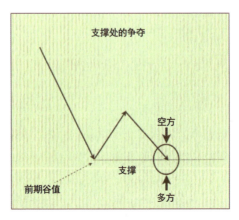

示意图 9.2

谁赢了战争？

在示意图 9.1 和 9.2 中被圈定的位置显示了在支撑和阻挡价位争斗的区域。在这些区域内，多空双方展开拉锯战，市场参与者采用各式各样的技巧，抢着得到最佳的入场位。

当一方让开路，经常会随着另一方冲破障碍而产生一个价格突破。示意图 9.3 显示了在阻挡价位的一次争斗，以多方胜利而告终。示意图 9.4 显示了一个同样的战争，空方最终取得胜利。

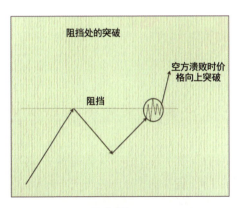

示意图 9.3

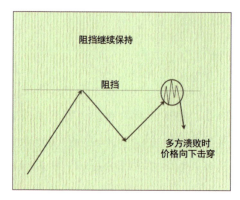

示意图 9.4

没有办法知道哪一方会赢得胜利，但最古老的交易谚语是"趋势是你的朋友"，这对于支持哪一方给出了一些暗示。

基本的概念是趋势本身具有动能，而且非常难以阻止。因此，在一个上涨趋势中，多方具有优势。在一个下跌趋势中，空方具有优势。（仅仅是优势，不是保证！）

这与在开盘时候交易有什么关系

当谷物期货开盘，几乎总有一阵急速的变动。这早期变动的高点是阻挡，低点是支撑。

实际上，虽然较大的支撑和阻挡位是在盘中形成的，但是我一直关心的是：

在交易开盘时段高点的**阻挡**

在交易开盘时段低点的**支撑**

　　形成了支撑和阻挡价位后，我要判断一下趋势，是上还是下？

　　记住，当两分钟蜡烛线开始在图表上形成的时候，我正观察着它们。当第一根蜡烛线完成，我就可以得出趋势上最初暂时的判断。如果这根蜡烛线是蓝色的，趋势倾向上涨。如果它是红色的，趋势倾向下跌。（参阅我在第八章对蜡烛线颜色的设置习惯）

　　几根蜡烛线完成以后，趋势常常比较容易判断。经典的上涨趋势包括一系列的蜡烛线，每个蜡烛线的高低点分别高于前一个蜡烛线高低点（示意图9.5）。

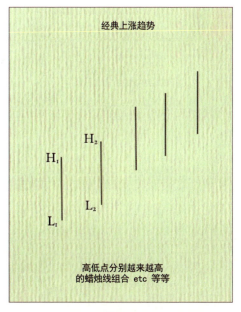

示意图9.5

经典的下降趋势也包括一系列的蜡烛线，每个蜡烛线的高低点分别低于前一个蜡烛线的高低点（示意图 9.6）。

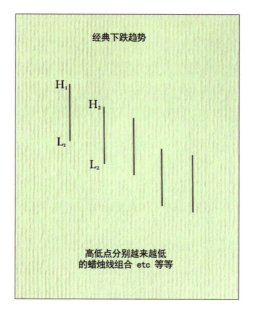

示意图 9.6

现实中的蜡烛图很少看起来像精心绘制的示意图，但是尽管如此，我的工作就是从交易时段的最初一部分蜡烛图判断趋势方向。

交易理念

一旦我确定了支撑和阻挡价位（在最初交易时段的低点

和高点处），判断了趋势的方向，我的计划就是交易第一次重要的突破（在做多或做空的某一个方向上）。如果突破阻挡，我做多。如果突破支撑，我做空。

支撑和阻挡是触发点，顺势交易是目的。现在，请继续阅读具体的入场准则。

注释：支撑和阻挡是技术分析的基本要素之一，是辨别趋势延续或反转的基础工具，任何市场任何周期级别任何品种的一波趋势中都离不开支撑和阻挡的延续和转换。

国内期货市场上的支持和阻力图表如下：

附图1：支持和阻力

附图 2：支持和阻力的转换

　　注释： 作者的交易系统是以一分钟或 N 分钟为交易周期，本例中以日线举例，请大家注意 K 线图表达的趋势规律在所有周期级别中都是一样的，不论是一分钟、10 分钟还是日线周线或季线，它们的走势规律都一样。

第十章　入场准则

倾 向

在实盘交易中，我对当天的趋势有个倾向，要么向上，要么向下，或者没趋势，保持中立。最初，我保持中立，但是当第一个蜡烛线完成时我要选择倾向：

如果蜡烛体是**蓝色**的，这在我图表上代表这两分钟期间有向上的变动，我的倾向是向上（看多）。

如果蜡烛体是**红色**的，我的倾向是向下（看空）。

如果蜡烛体是**十字星**，我保持中立，让第二根蜡烛线决定我最初的倾向。

回 调

在回调完成后，我在趋势（倾向）方向上做突破交易。

回调就是：在上升趋势中从前面高点开始向下回撤的走势（当我的倾向向上时），或者在下降趋势中从前面低点开始向上回撤的走势（当我的倾向向下时）。

市场在 A 点创新高后，如果随后出现两个或两个以上连续蜡烛线具有比 A 点较低的高点，我就确认为有效回调。

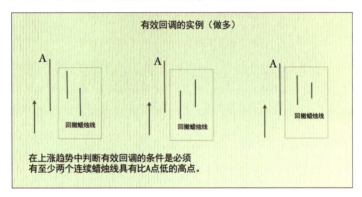

示意图 10.1

同样，如果市场在 B 点创新低后，如果随后出现两个或两个以上连续蜡烛线具有比 B 点较高的低点，我就确认为有效回调。

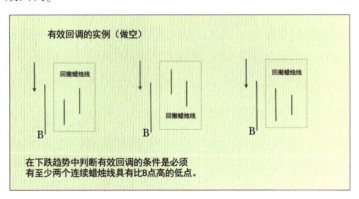

示意图 10.2

如果在 A 点市场创新高后，回撤非常极端，以至于 B 点被击穿，创造了一个新低，那么我把我的倾向从向上改为向下，开始等待从新低出现的回调。

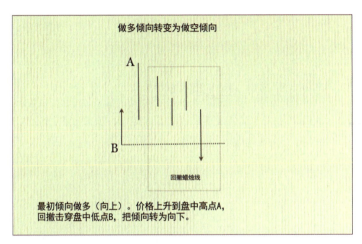

做多倾向转变为做空倾向

A

B

回撤蜡烛线

最初倾向做多（向上）。价格上升到盘中高点A，
回撤击穿盘中低点B，把倾向转为向下。

示意图 10.3

同样，如果在 B 点市场创新低后，回撤非常极端，以至于 A 点被击穿，创造了一个新高，那么我把我的倾向从向下改为向上，开始等待从新高出现的回调。

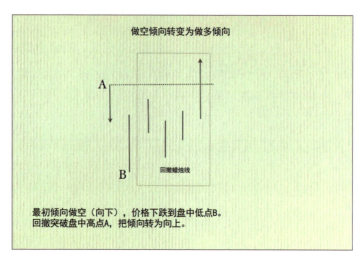

做空倾向转变为做多倾向

A

B

回撤蜡烛线

最初倾向做空（向下），价格下跌到盘中低点B。
回撤突破盘中高点A，把倾向转为向上。

示意图 10.4

突破

  在我目前的倾向方向上，市场价格经过有效回调后，击穿前期的高点或低点的走势形态，就是突破。

  在上升趋势中，我的倾向是向上，A 点代表当前盘中高点。如果市场出现至少连续两个蜡烛线的高点都低于 A 点的情况后，价格向上穿越 A 点，这就是上涨突破。

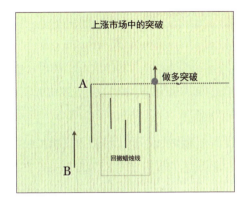

示意图 10.5

　　在下降趋势中，我的倾向是向下，B 点代表当前盘中低点。如果市场出现至少连续两个蜡烛线的低点都高于 B 点的情况后，价格向下穿越 B 点，这就是下跌突破。

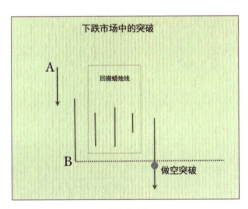

示意图 10.6

触发交易

我等待盘中第一个突破，并在突破方向上下单。如果没有突破，我不交易。

例外：第二根蜡烛线回调，随后第三根蜡烛线突破

我对于以前所述的普遍定义，制定了一个例外情况，这是因为交易开盘后的前四五分钟价格变化非常剧烈。如果第一根蜡烛线形成某个方向，第二根蜡烛线回撤，然后第三根蜡烛线重新沿着刚开始的方向变动，那么我就把这单一的第二根蜡烛线当作有效回调，第三根蜡烛线因此提供了一个有效的突破。

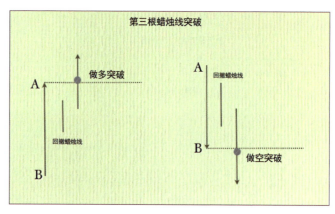

示意图 10.7

注意在这种情况下，第二根蜡烛线总是一根被内包的蜡烛线（或叫孕线，它的高点和低点均在前一根的高低点范围之内）。

我制定这个例外的原因是：我过去用 1 分钟蜡烛图对付开盘前六分钟交易，以便更好地适应最初的急速变动。我在 1 分钟图上使用我的标准规则，但是这需要来回变换 1 分钟图和 2 分钟图，时间上太仓促。当我注意到，在两分钟图上确认这些第三根蜡烛线的突破会产生大致一样的结果时，我采取了这个例外的技巧。

一些范例

蜡烛线 1 是蓝色的，给我一个向上的倾向。前三根蜡烛线连续创出新高，然后蜡烛线 4-7 从最初高点（913.75）持续回调。回调是我正在等待的，现在我预计会重拾升势。在蜡烛线 8，价格向上涨到 914（过最初高点后，向上变动一个最小价位）时，我做多入场。

在图 10.2 中，蜡烛线 1 是红色的，表明看空的倾向。价格在蜡烛线 2 跌到 880.25，然后在蜡烛线 3-5 向上回调。这个回调让我很警觉，期待着重拾跌势。在蜡烛线 6，当价格打到 880，比最初低点向下跳动一下，我做空。

在图 10.3 中，蜡烛线 1 是下跌的（红色），说明看空倾向。蜡烛线 2 向上回调，产生一个较高的低点，因此我立刻开始寻找一个直接向下的做空机会。然而，蜡烛线 3 突破了第一根蜡烛线的高点，这把倾向改为向上，并且我开始等待进一步的发展。蜡烛线 4 继续上涨，但蜡烛线 5-8 属于从新高开始的回撤。然而，当蜡烛线 9 往回向下击穿盘中低点时，我把倾向改回向下，蜡烛线 10 创出新低，然后蜡烛线 12 和 13 构成有效回撤。蜡烛线 14 向下突破，当价格打到 958.25，比蜡烛线 10 的低点向下跳动一下时，我开空仓。

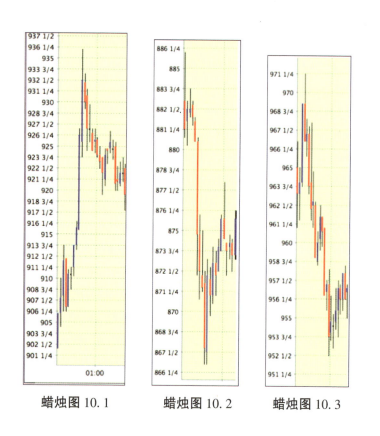

蜡烛图 10.1　　**蜡烛图 10.2**　　**蜡烛图 10.3**

在图 10.4 中，第一根蜡烛线倾向向下（红色）。蜡烛线

2 继续创新低，但蜡烛线 3 反转，向上突破第一根蜡烛线的高点，把倾向改为向上。蜡烛线 4-12 从新高持续回撤，随后蜡烛线 13 向上突破，我在 899.75 做多。

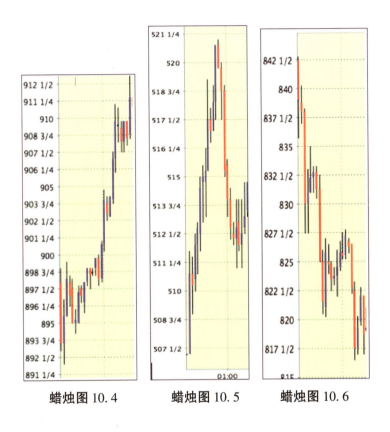

蜡烛图 10.4　　　蜡烛图 10.5　　　蜡烛图 10.6

在图 10.5 中，蜡烛线 1 是蓝色的，涨到 511.75，形成向上倾向。蜡烛线 2 是一个回撤走势（带有一个较低的高点）。第二根蜡烛线回撤不需要再次确认，因此我警觉地等待一次做多的交易，希望蜡烛线 3 向上突破。结果确实像希望的那样，蜡烛线 3 向上攻击，当价格打到 512，比蜡烛线 1 的高点向上跳动一下时，我做多。

在图 10.6 中，蜡烛线 1 是红色的，跌到 836，形成向下倾向。蜡烛线 2 产生了一个较高的低点，是个有效的回调。这又是一个第二根蜡烛线回调的情况，它意味着一次可能的做空机会，如果蜡烛线 3 向下突破那就是确认。本例的确如此，当价格打到 835.75，比蜡烛线 1 的低点向下跳动一下时，我开空仓。

注释： 观察作者的交易系统非常简单，确认上涨后回调不破支持，再次突破高点开多；确认下跌后反弹不破阻力，再次跌破低点开空。

看似简单，实则效果非凡，因为它符合趋势的支持阻力转换规律，就像大自然中的春夏秋冬季节转换一样，是不可违背的自然规律，价格要上涨必经向上突破之路，反之，价格要下跌也必经向下跌破之路，中外很多交易大师、交易高手的系统其实都很"简单"，实则做到了大道至简。

用期货市场上的图例来说明如下：

图中 1 处是 9:00 开盘后第一根 K 线，为阳线看涨，但 2 处收阴线破了上根阳线最低价看跌，第三根阳线收涨，下一根 K 线比较关键，下破最低点则开空，上破最高点则开多，上下都不破则等待观望，这时第四根阳线突破第一根阳线最高价一个跳动点时开多。

附图 3

附图 4

9 点开盘后在图中 1 处收阳看涨，等待回调确认不破低点后再次突破高点时开多，图中 2 处收小十字星调整，图中 3 处收阳上涨突破第一根阳线最高价一个跳动点位时开多。

第十一章　交易管理

有多年经验的交易者，当被新手问到他们成功的秘密时，或许会来回眨动一下他们的眼睛，沉思片刻，用下面这句话来概括他们交易的精髓：

迅速止损，放飞盈利。

新手礼貌地点点头，像是突然间茅塞顿开，随后又有点皱着眉头似的走开，带着新的梦想，开始追求心中理想的入场。

那么这个传统交易智慧精髓究竟包含什么？

它是指这对孪生诱惑：一是在可盈利的单子真正开花结果之前通过平仓进行所谓的保护；二是放任亏损的单子，希望他们会反转变成盈利的单子。抵抗不了这些诱惑的结果就是：你交易的平均盈利小于平均亏损。在大多数情况下，这是一条不归之路。

你或许会回头看一眼第四章，重温一下把胜算概率放到你这边的前两个原则：

1. 至少在一半的交易次数中盈利。

2. 确保我的平均盈利大于平均亏损。

在第九章，我向你说明过我如何入场交易。但那只是战争的一半，而下一步你要做的才最终决定你的交易盈利。

参数设置要适合

入场持仓后，它的成功概率完全由我如何管理它而定。如果我设置一个较小的盈利和较大的止损，我盈利的概率就很高，但平均盈利对平均亏损的比例却很小。

相反，较大的盈利设置对于较小的止损，会产生较低的成功可能性，但平均盈利对平均亏损的比例却很大。

一点重要的表白

在解释我用什么样的机制来设定我的止损和盈利目标之前，我要提一个最重要的技巧，我用它帮助我坚定执行交易计划的决心。

不论何时我入场持仓，我立即按照计算的止损价位输入一个止损单，并按照计算的目标价位输入一个限价单。然后我从交易中走开，让它自己自动工作，而不去更改这些已经计算过的价位。

不论如何强调这对于我交易获得成功的重要性都不为过。

它就是我如何迅速止损，放飞盈利。

它就是我如何做到一致性交易，确保我下的每一个赌注与别的赌注都以同样的条件为基础。

它就是我如何战胜那种难以抗拒的调仓冲动。

它就是我如何减少盯盘时间，避免心中不停地担心市场是否在不利于我的方向上变动。（因为我住在澳大利亚，不得不在午夜交易，它让我多睡了好几个小时。）

而且从长远看，我没有发现因为长时间盯盘而给我带来什么额外的好处。

设置止损和止盈价位

相信您已经知道如何做突破交易，我也已经明确表示在我入场开始持仓时，我会立刻设定一对止损单和止盈单。

但是止损和止盈应该设在何处呢？

有些交易日波动较大，需要较大的目标价位和较宽松的止损。别的交易日波动较小，需要较小的目标价位和较严谨的止损。对于我正在实盘交易中的当天交易波动的类型，我该如何确定呢？我仅有的线索就是发生在我入场前的蜡烛线。

因此，我只能用图上已经看得见的波动范围，来设置我的止损和止盈价位。

定义 r — 标称波动范围

请回忆一下在市场遇阻回调后，市场重拾升势向上突破阻挡，我开始做多。或者在市场遇到支撑回调后，市场重回跌势向下突破支撑，我开始做空。

为了决定在哪里设定我的止损和止盈价位，我限定了一个标称波动范围（简称标称范围）。

标称范围的一个端点总是在被突破价位（即支撑或阻挡价位）。要确定标称范围的另一个端点，我遵从下面这个步骤：

> 对于做多，我要从当前蜡烛线往回找到一个蜡烛线的低点，这个蜡烛线的高低点都分别低于它紧邻的前一根蜡烛线的高低点。这个蜡烛线的低点就是另一个端点。

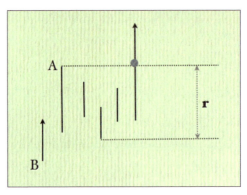

示意图 11.1

对于做空，我要从当前蜡烛线往回找到一个蜡烛线的高点，这个蜡烛线的高低点都分别高于它紧邻的前一根蜡烛线的高低点。这个蜡烛线的高点就是另一个端点。

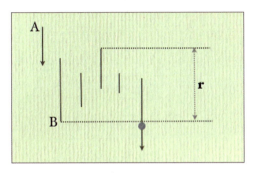

示意图 11.2

通常这个点就是最近回撤的极点（示意图 11.1 和 11.2）。但有时候它不是（示意图 11.3），个别情况下，没有蜡烛线符合这个标准，这就需要把整个阻挡到支撑的波动范围确定为标称范围（示意图 11.4）。

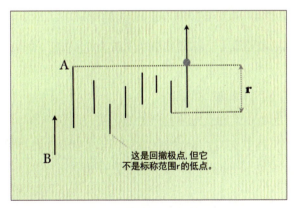

这是回撤极点，但它不是标称范围r的低点。

示意图 11.3

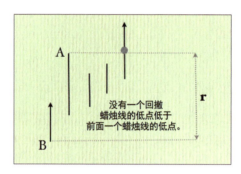

示意图 11.4

第二根蜡烛线回调随后第三根蜡烛线突破

在每天交易开始的前几分钟市场变化总是很快。就因为这样，如果第二根蜡烛线是个回调走势，我不考虑会不会出现这个回调的再次确认，就直接认定第二根蜡烛线回调有效。

在这种情况下，回调蜡烛线总是一根孕线，带有一个较高的低点和一个较低的高点。照例，标称范围的一端就在突破价位（支撑或阻挡价位）。

对于做多交易，标称范围的低点就是第二根蜡烛线的低点。对于做空交易，标称范围的高点就是第二根蜡烛线的高点。

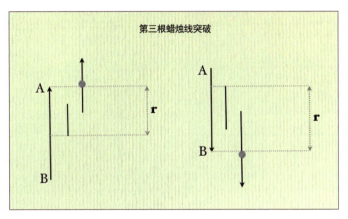

示意图 11.5

范例

蜡烛图 11.1 到 11.6 都标出了突破点和标称范围 r。

蜡烛图 11.1

蜡烛图 11.2

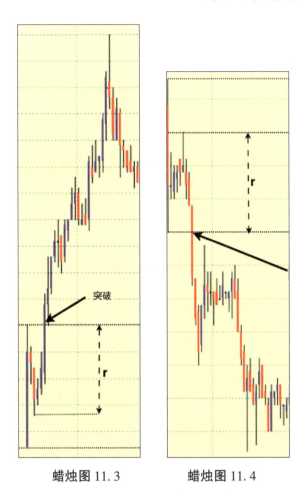

蜡烛图 11.3　　　　蜡烛图 11.4

蜡烛图 11.5

蜡烛图 11.6

确定止损和止盈价位

一旦我确定了标称范围，设定止损和止盈价位就比较简单了。我通常是这样设定的：

止损在 0.5r 到 1r 之间，

止盈在 1.5r 到 3r 之间。

我通常把我的利润设定为风险的两到三倍。本书中的交易案例把止损设定在 0.5r，利润目标设定在 1.5r。

同样有效的组合包括 1r：2.5r，或者 0.7r：2r。不同的市场要选用不同的最优化组合。

个性化设置同样也会融入其中。较宽幅的止损对较小的止盈（例如，1r：2r）盈利的频率较大，但代价是较差的盈亏比。较窄幅的止损对较大的止盈（例如，0.5r：4r）盈利时利润很多，但不是经常盈利。

一个主张专门交易一两个市场品种的强有力的依据，就是你对价格在突破后会走多远，以及可能回撤的深度会产生一种感觉。这一点你会逐渐认识到。

对于已**强势突破**标称范围的市场，可以用较小的止损进行交易。

而对于比较平静的市场常常以一个多震荡的方式突破标称范围，适合用较宽松的止损进行交易。

你选定的市场或许在不同的期间出现不同的突破特性。因此或许有时候，你需要调整止损止盈参数，但不要过于频繁地调整。

我喜欢交易那些显示出强劲突破的市场，并且我因此特别喜欢交易谷物期货。它们中的某一个品种常常会显示出强势动作。如果大豆平静下来，小麦或许会起来冲一段。有时候，大豆和小麦太火了，而玉米却是个非常不错的选择。

注释：止损和止盈是交易管理中不可或缺的核心一环，还是以上一章的图例来说明作者是怎样设定止损止盈的。我们一般的比例设定为 1：3。

附图 5

止损可设定为 1r，止盈可设定为 3r，当价格上涨没达到 3r 时，可在价格回落至 2r 时止盈。

附图 6

止损可设定为 1r，止盈可设定为 3r。

第十二章　计划实施

　　我如何把前两章描述的交易策略具体应用到实践中去呢?

　　答案是：登录我开户经纪商的交易软件，观察蜡烛图，计划我的交易后，我必须把适合的单子输入到市场中去。

　　交易者使用几种不同类型的单子去实施各式各样的交易策略，但我只用其中三种。

市价单

　　这种单子按照可成交的最优价格被立即执行成交。只要市场在实盘交易中，成交没问题，但价格没保障。

限价单

　　这种单子要求在一个具体的价格（或更好的价格）上被执行。一个限价买单指定我准备买入的最高价（低于市场目前价位)，一个限价卖单指定我准备卖出的最低价（高于市场目前价位）。用限价单，价格有保障，但不一定成交。市场或许永远达不到我的限价，并且即使市场达到了，我的单子也不一定会被执行。(取决于那个价位成交的数量)。

止损单

这种单子用来限制我的亏损或者设定突破交易单。一个止损买单要设置在一个高于目前市价的价位。如果价格涨到止损价，这个止损买单就被触发。一个止损卖单要设置在一个低于目前市价的价位。如果价格跌到止损价，这个止损卖单就被触发。对于止损单成交和价格都不被保障。

范例：交易单类型

假定玉米期货价格是600。

如果市场正在实盘交易中，我输入一个市价买单，我的交易单会立即被执行。然而，因为价格可以变动很快，我的单子通常会在599到601之间被执行，或者离600更远的价位。这就是成交有保障，价位不确定的道理。

如果我输入一个限价买单，比如说在599，这个单子只可能在599或更低的价位被执行。如果价格没有跌到低于599，或者我的单子不能够在599被执行，这个单子就不会被成交。这样，价格有保障（我知道我不会在高于599的价位成交），但成交不确定。

如果我输入一个止损买单，比如说在 602，如果有合约在 602 或以上价位换手交易，我的单子就会被触发。当在 602 或更高价位成交的交易被检测到，止损单会立即变成一个市价买单。和上面描述的一样，市价单的成交价不能被保障。因此，一个在 602 的止损买单最终有可能在 602.5 处成交。如果价格一直没有涨到 602，止损单就不会被触发成交。止损单或许永远不被触发，而且，即便是被触发，成交价也不确定。这就是对于止损单来说，成交与否和具体价位都不被保障。

成交价差

成交价差是指在市场中我希望成交的价格与实际成交价格的差别。对于我的交易风格，它使止损单的实际成交价格更加对我不利。

在一个完美的交易市场中，不会有成交价差。在具体交易中，几乎总会有些，而且对于日内交易者，它是一个很大的费用。假定价格现在是 600 美分，如果上涨到 602 美分，我想做多。

我输入一个价位在 602 美分的止损买单。像以上描述的，尤其在快速变动的市场条件下，这个单子或许在一个较高的价位，比如说 602.5 美分被成交。

那就产生了 0.5 美分（25 美元每手）的成交价差。我挣到的任何盈利都会比期望值少 25 美元，任何亏损都会比预估值多 25 美元。即便是只有 0.25 美分的成交价差也大于我付出手续费的两倍。

开始交易

我所有的交易都开始于一个阻挡被突破（做多），或者一个支撑被击穿（做空）。

这很容易通过输入一个止损买单（价位比阻挡位高 0.25 美分）来做多，或者一个止损卖单（价位比支撑低 0.25 美分）来做空。

如果阻挡或支撑价位被突破，止损单就被触发。但是如果价格没有击穿这些价位，这些单子就永远不会被触发，而且可以被取消。

做多交易管理

假定一个止损买单被触发，我就在市场中开始做多交易了。比如我在 600 做多玉米。从蜡烛图上，我计算出标称范围 r，止损价在 598，止盈价在 604。

为了实施止损计划，我输入一个价位在 598 的止损卖单。为了实施获利计划，我输入一个价位在 604 的限价卖单。

有可能的是，在整个交易日内，这两个单子没有一个被成交。价格或许停留在 598 到 604 的范围内。然而，不论发生什么，我想在收盘前平仓，因为我是一个日内交易者。

这个问题可以用一个市价卖单来解决，需要使用一个叫 Good After Time（GAT）的工具。这个特色工具允许我指定这种市价单提交的具体时间。既然谷物期货交易收盘在美国中部时间 13:15，我或许会选择在 13:14 提交这个单子，比收盘提前 1 分钟，或者甚至在 13:14:30（收盘前 30 秒）。

如果这就是所有我要做的，我会坐在那里观看交易的进行。如果不这样，料想不到的事情可能会发生。例如，假定我的交易是成功的，而且限价卖单像我想要的那样被执行，从而平仓结束交易。问题是止损卖单依然存在，如果价格随后回落，触发了止损卖单，我就会发现我处在一个不想要的做空交易当中。

一消多（OCA）

这个问题可以通过把三个单子设置在一消多（OCA）组合里来解决。不是所有的经纪商都提供这个工具，但这对于日内交易者是一个保护。你的交易被设置成这样：

● OCA 组合：

◇ 止损卖 598

◇ 限价卖 604

◇ 市价卖 GAT 13:14

这三个单子中任何一个单子一旦成交，另外两个将自动被取消。就是这个非常有用的工具让我的出场策略完全自动化，一旦我的交易设置开始在市场中运行，我就可以从屏幕前走开。

做空交易管理

管理做空交易就是管理做多交易的镜像翻版。比如，我在 600 价位处做空玉米。从蜡烛图上，我已经计算出标称范围 r，止损价位 602，止盈价位 596。

所有我需要做的就是设置下面的 OCA 组合：

● OCA 组合：

◇ 止损买 602

◇ 限价买 596

◇ 市价买 GAT 13：14

就这么简单！

注释：国内很多软件里的止损止盈单、条件单等都非常完备了，这些虽说都是交易的基础，但切不可忽视，只是作者书中的"一消多"功能还有待国内软件完善开发。

第十三章　我的交易计算器

一旦一个交易日开盘，价格变动就非常快速、猛烈，我没有多余的时间可用。我不想花时间用手写下标称范围，计算止损和止盈价位，或者用脑袋计算出我可以交易多少手合约。

图 13.1 是一个电子表格计算器的屏幕截图，我用它来替我做那些麻烦事。

在交易开盘前 10 分钟左右，开始设置计算器。这时候我确保在这电子表格最下面那部分的信息是最新的和正确的，具体如下。

价格，变动

我把我准备交易合约的最新成交价格链接到电子表格计算器。前两个栏目显示

| | 1177.00 |
| | 1169.75 |

做多

手数	4
入场价	1177.25
止盈价	1193.75
止损价	1173.50
目标利润	3150
预计亏损	900

做空

手数	4
入场价	1169.50
止盈价	1153.00
止损价	1173.25
目标利润	3150
预计亏损	900

最新价	1181.00
价格变动	-2
波动限制	70
资金	25000
汇率	1.1994
保证金	4725
上限	1253.00
前收	1183.00
下限	1113.00
止损因子	0.5
止盈因子	1.5
风险比例	3.0%

图 13.1

最新成交价格及其相对于前一天收盘价的变化。我把这两个数据输入到电子表格的最新价和价格变动栏内。

涨跌停板限制

我浏览交易所网站（www. cmegroup. com/trading/Price-Limit-Update. html）去查看我交易品种的日内涨跌停限制。我每天都查看这些限制，是因为这些停板限制可以在剧烈波动期间自动扩板和缩板。在波动限制栏内输入当前的涨跌停限制后，电子表格就自动计算，并在**上限**、**前收**和**下限**栏目内展示相应的数字。

资金

我查看我的账户信息，把最新的交易资金额输入到**资金**栏中。因为我把澳元作为我的基本货币，这个数字是澳元数量。在下面的**汇率**栏中我输入当前美元对澳元的汇率。（如果我直接用美元交易，这个汇率就会被设定为 1. 000）

保证金

现在我浏览经纪商的网站，确认我交易品种的**保证金**是否改变。在**保证金**栏内输入当前正确的数字。

止损和止盈因子

我查看**止损因子**和**止盈因子**栏目，确保这些数字是我想要设置的。它们应该已经被设定好，因为我在第十一章就解释过，它们很少被改动。回忆一下这些因子如何与标称范围 r 一起计算出止损和止盈价位。

风险比例

最后，我查看**风险比例**是不是我以前设置的数据。再次强调，这个数值很少调整。回想一下：这是我在任何一次交易上准备亏损的最大账户资金百分比（参阅第五章），而且它也被用来计算允许交易的合约手数。

> 所有这些设置就像飞行员做的飞行前检查。我仔细检查每个栏目，即使我很确信前一天收盘时我保存的数据没有什么变化。

它仅仅占用几分钟，但这成为我每个交易日的第一部分工作。

别的参数设置

为了确保这个计算器可以用于任何市场，有些别的参数也可以改变设置，但我把它们设为不可见，因为它们不是我每天要检查的参数。

对于成**交价差**的数值（以四分之一美分为单位），我有一个缺省默认值，用来粗算当止损单触发时的亏损。我一般把它设为 1，但是当交易小麦时最好设为 2。

最小可接受的**盈亏比**也有一个缺省默认。我一般把它设置为 1.75，就是说如果我的目标利润小于 1.75 倍的预计亏损，在合约手数栏目内就显示"不可交易"。

也有一些别的参数像 pip **大小，每手合约每个 pip 多少美元，以及每手合约每点多少美元**。这些参数的缺省值设定为 0.25、12.5 和 50，适用于大豆、小麦和玉米期货市场，而且这碰巧也适用于热门的 S&P500E-mini 股指期货合约。如果你想在别的市场中应用这个计算器，这些参数就必须重置。

更新标称波动范围 r

一旦开盘，我就不停地在电子表格计算器顶部黑色背景区域内更新两个参数。这些参数就是第十一章中提到的标称范围 r 的上下两个价位，随着蜡烛线的逐渐形成，这两个参数或许需要调整好几次。

当输入这两个值后，计算器的中间两部分就显示出我需要做多或做空的所有信息。这些信息包括：

◇ 交易合约的**手数**；

◇ 入场交易单的**入场价**；

◇ 限价单的盈利**止盈价**；

◇ 止损单的**止损价**；

◇ **目标利润**和**预计亏损**，以美元计。

所有这些参数均按照本书设定原则计算。

一个价值连城的工具

这个工具让我快速确定执行交易计划需要的所有信息。（如果开盘前正确设置计算器，它会自动阻止违反涨跌停限制的任何交易单。）

如果你善于使用电子表格，建立你自己的计算器是一件简单的事情。如果不是，你可以下载我的计算器，但需要付一点小费用（www.tradingcalculator.com.au）。

关于涨跌停限制的详细介绍

对于我强调交易品种的日内涨跌停限制，你或许有点迷惑。当我介绍合约时，我在第六章解释了有关限制的概念。但现在请让我更详细地描述这个问题，你可以看看为什么它们这么重要。

在任何一个交易日，谷物期货合约仅被允许在一定的范围内波动。如果价格上升或下降到这些价位，市场就会被锁定，直到价格向相反方向变动或第二天开盘才能解锁。下表列出了谷物期货合约的现行涨跌停限制。

表格 13.1：谷物期货合约的涨跌停限制

谷物	限制（美分）
玉米	30
小麦	60
大豆	70

这样，如果玉米昨日收盘在 600，今天市场不会允许高于 630 或低于 570 的交易。

扩板（扩大涨跌停限制）

进一步说，按照最近的规则，当出现涨跌停时开始扩板。例如，如果玉米今天收盘在 570（比如，跌停价），明天的停板限制就被扩大到 45 美分。该合约明天就可以在 615 和 525 之间交易。假定明天市场反弹，且收盘在涨停价 615，停板限制就再次被扩大到 70 美分，市场在接下来的一天可以在 685 和 545 之间交易。以后不论再有多少涨跌停，都不再扩板。

当有一个交易日没有出现涨跌停，涨跌停限制开始缩减到前一个水平，从 70 下降到 45，再从 45 下降到 30。

对于小麦涨跌停限制是 60、90 和 135，对于大豆则是 70、105 和 160。像以前提到的，这些信息被披露在 CME 集团的网站上，我常常查看它。扩板的原因是，在正常的涨跌停限制可能引起市场难以履行其功能的时候，针对大幅波动的期间做出特别处理。大多数时间里，市场在标准的涨跌停限制内持续交易几个月直到合约到期。有时候会出现一段剧烈波动的时期，停板限制或许经常被触及，甚至持续几周，或几个月。

交易者需要知道日内限制，以避免设定一些不可能成交的单子。例如，我要做多，在我计算的基础上，使用标称范围 r，输入一个止盈限价卖单，价位在 632。不知道 630 是停板限制，我的限价单就根本不可能成交。

交易计算器永远不会推荐在日内涨跌停限制范围外下单。

同样，当止损靠近涨跌停限制时开仓要特别小心。例如，假定玉米开盘在涨停价 630，随后开始往下走，假如我看到一个信号在 625 做空，计算出止损价位在 629.5。

如果我选择这个交易，我就把自己置于一个非常危险的境地。

如果市场与我作对，当有交易在 629.5 发生时，我的止损单会被触发。但是如果市场快速上升，用来止损平仓的止损买单或许在涨停前不能成交。

如果市场在剩余的交易时间里，一直处于涨停状态，我不能平仓，将痛苦地度过一个不眠之夜，想知道市场在第二天会开在何处（或者闭市后在成交清淡的时段市场会怎么走）。我或许能够在下一个交易日开盘时平仓退出，但是非常可能的是市场大幅跳空高开，比如说开在645。这样的话，我会亏损15美分（750美元每手合约），大大超出预料。

最可怕的噩梦是市场连续几个交易日涨停。那就是，下一个交易日开盘在涨停价675，而且我一直没机会平仓。然后市场又在接下来的交易日开盘在涨停价745，并且我仍然不能退出！不可否认的是，这属于很不寻常的情况，但这确实可能发生，因此千万别冒这个险。

> 确切地知道涨跌停限制的价位，而且不要把止损设置在它们附近。

如果你曾经被卡在这种噩梦里，你可以通过买入认购权证而在一定范围内保护你自己（因为权证市场没有涨跌停限制），但这将会是一个昂贵的建议。

交易计算器显著标识出交易日内的涨跌停限制。

注释：交易计算器是作者的自创工具，目前国内还没有，不过其原理在书中已讲解得非常清楚明了，我们可以在每次交易时来手动计算，只不过麻烦一点，但熟能生巧，使用多了便可顺手了。

第十四章　我的交易屏幕

图 14.1 展示我如何设置自己的交易屏幕。关键特征我在下一页介绍。

图 14.1

蜡烛图

屏幕中央的大窗口显示我交易品种的两分钟蜡烛图。

这可以完全进行个性化设置，因此颜色选项和总体布局可以按我个人喜好设定。很自然，我可以在图上显示成交量、各种指标、斐波纳契回撤比例和上帝才知道的别的东西。但我不在乎任何一个，我要的是一个简单的、清晰的屏幕，主要显示两分钟蜡烛线。我把它们调到最大，以便标注清晰可读。我同时激活十字光标功能，为了当我把光标放在蜡烛线上时，我可以在另外一个小窗户中看到这个蜡烛线的最高价、最低价、开盘价和收盘价。

实时形成的蜡烛线

蜡烛图最重要的是它们实时在线更新。当然，一幅蜡烛线的图片使它看起来像一个静态的东西，但它却不是静态不变的东西。大约每一秒钟，当前蜡烛线就更新一次。它一会儿或许是蓝色的蜡烛线，过一会儿，它可能变成一根长长的红色蜡烛线。这是因为价格在快速地波动，只有在两分钟期间结束的时候，蜡烛线的形状才能最终确定，而且你可以看到一个新的蜡烛线开始形成。

我不知道如何强调蜡烛线这种快速变化，实时更新对于交易的好处是，它使你对市场的动态变化产生一种直觉。有些行情软件仅在两分钟期末更新两分钟蜡烛图，我可以用它来交易，但它的信息性不够及时。还有些别的行情软件无法实时更新，每个蜡烛线的形成都有严重的延迟。

我不能用它来交易！

事实上，这种延迟更新的蜡烛图危险极了。

有很多不错的行情软件。我选用的行情软件比较优秀，它属于 Interactive Brokers 的标准交易平台（Trader Work Station-TWS）的一部分。

便捷的交易单输入

在图 14.1 我屏幕左侧的窗口是订单输入的窗口。像你可以看到的那样，它显示了所有的价位。当市场在实盘交易的时候，它就非常迅速地实时更新，这样我总能看到当前交易价格。

我也可以看到四档最接近当前成交价的限价单的合约数量，但市场变动太快了，我一直也没有找出一个使用这些信息的好方式。

我主要用这个窗口来迅速输入交易单。在 Bid 列表上用鼠标左键单击就输入一个限价买单，在 Ask 列表上用鼠标左键单击就输入一个限价卖单。点击右键可以输入止损单，在现有单子上点击就是立即撤单。（在窗口顶部的一个下拉菜单让我快速选定每一个交易单选用的默认合约手数。）

图中显示的订单输入窗口是 Interactive Brokers 的 TWS 交易平台所特有的。如果你选用别的经纪商，确保有一个相似的功能，因为一键下单和一键取消是日内交易谷物期货的必备工具。

交 易 计 算 器

我交易屏幕右侧的狭窄窗口是交易计算器，这个电子表格已经在第十三章全面介绍了。

TWS 交 易 窗 口

在我交易屏幕右上侧你就可以看到 TWS 交易窗口的一小部分。有它在那儿很顺手，因为单击一下那个区域就可以在屏幕上方把整个交易窗口全部显示。回头点击一下就可以把它再藏起来。

只有当我输入一个 OCA 组合时我才用这个窗口。在第十五章案例研究中我会展示这个窗口。

另一个顺手的地方是在这一小部分的 TWS 交易平台上显示的时钟，这个时钟总是可见的。这个时钟实时在线更新，因此比你电脑上的时钟更加可靠。

注释：这也是交易之初的基本设置，可结合国内软件的特点风格，灵活设置。

第十五章　案例研究

这些交易技术策略写起来都很好，但是在实际应用中它究竟怎么样呢？

为了给你一次真正的体验，当我交易时，我做了一些屏幕截图。这不是我喜欢做的，因为任何分心都是不利的，但我希望你发现它是有用的。我决定只针对大豆。正常情况下，我直到观察完谷物开盘，判断我喜欢哪个品种，我才做出决定，专心对付某一个品种。但我不能那样做的同时又进行屏幕截图，因此我会坚持针对大豆。

下面的插图显示的是在 00:22:56 我的交易屏幕。

（本章中所有提到的时间均为澳大利亚昆士兰州时间。市场在 00:30:00 开盘，在 04:15:00 收盘。时间格式为小时:分钟:秒钟。）

图 15.1

设置——电子表格计算器

在这个屏幕截图的右手侧交易计算器的上面，你可以看到时间显示。我已经检查了所有交易计算器下部的各个参数。注意我怎么从蜡烛图窗口的最上面一行得到最新价和价格变动参数值。我已经设定止损在 0.5r，止盈在 1.5r，这与我所有的交易实例中设置的一样。

目前，插图中展示的是昨天的主要交易时段，我做好准备开始今天的交易了。

下一个屏幕截图在 00：32：09。

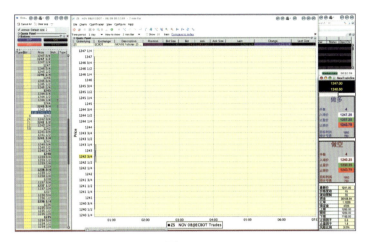

图 15.2

看到我说蜡烛线在一张空白的表格上开始是什么意思了吧?

到目前为止仅有一根已经完成的蜡烛线,第二根刚开始形成。作为技术交易的一件事,我已经把第一根蜡烛线的最高价和最低价输入交易计算器顶部的两个空格栏内,因为目前它们就是标称波动范围 r。从这第一根蓝色的蜡烛线,我暂定我最初倾向是向上。

下一个屏幕截图在 00:34:37。

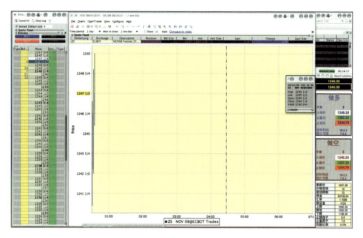

图 15.3

　　价格持续上升。两根蜡烛线已经完全形成，第三根正在开始形成。交易计算器的第二栏，代表着当前标称范围的底部价位，仍然在 1240.5。作为技术交易的一件事，当价格创新高时，我马上在顶部的相应栏内输入新参数值。我输入的最近的值是 1249，但是我从图上看到 1250 刚才已经被触及了。

　　下一个屏幕截图在 00:36:01。

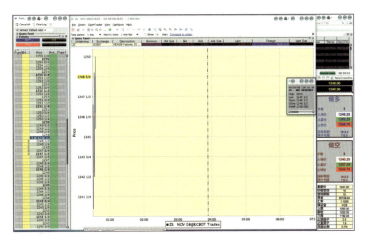

图 15.4

前三根蜡烛线现在已经全部形成了。对于计算器我已经有点迟到了，因为我还没有把最新的值输入进去。

下一个屏幕截图在 00:36:25。

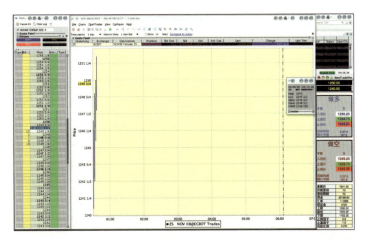

图 15.5

第四根蜡烛线再次向上攻击。我已经更新了计算器，但是我要再次更新它，因为在最近这几秒内，又创新高了。

下一个屏幕截图在 00：37：13，显示最新的蜡烛线正在形成。我继续追踪输入标称范围 r 的顶部价位。

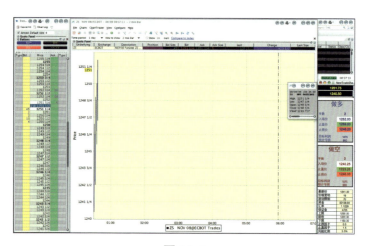

图 15.6

下一个屏幕截图在 00：39：11。

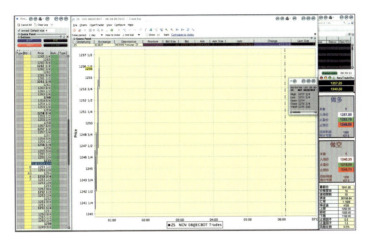

图 15.7

市场继续上攻

第五根是另一个强劲向上攻击的蜡烛线。已经差不多开盘十分钟了，市场仍在强势上涨，仍然没有回调的迹象。

接下来的两个截图，分别在 00:40:54 和 00:41:56，展现了第六根蜡烛线的形态。这是第一根回调蜡烛线，因为它的高点低于前一根蜡烛线的高点。

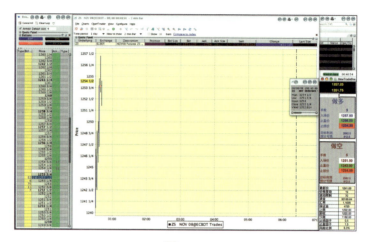

图 15.8

为了方便，我想提醒你在一个上升趋势中我对回调的定义。

> 市场在 A 点创新高后（阻挡价位），如果紧随其后连续两个或以上的蜡烛线的高点都比 A 点低，这就是有效的回调。

因此，在这种情况下，阻挡价位建立在第五根蜡烛线的高点上。我有了一根回调蜡烛线，但在我没有看到第二根蜡烛线之前，不能认定它就是有效的回调。注意计算器已经更新了标称范围的高点。

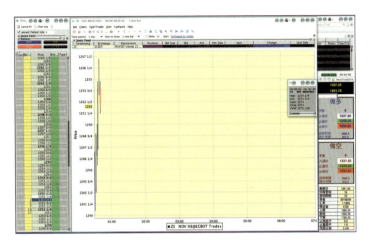

图 15.9

接下来两幅截图，分别在 00：43：49 和 00：44：14，展示了第七根蜡烛线的形态。

图 15.10

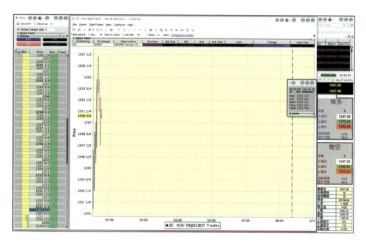

图 15.11

回调

因为它的高点同样比阻挡价位 1257.25 低，这就确认了一个有效的回调。现在如果价格转向上升，并穿越阻挡，我会开多仓。

注意在上一个屏幕截图中我如何更新交易计算器的第二个参数栏（标称范围的低点），这个值就是当前回调的低点，1247.5。下面是我在第十一章中指定的标称范围定义。

对于一个做多交易，我往回找到一根蜡烛线的低点，这根蜡烛线的高点和低点都分别低于紧挨着它的前一根蜡烛线的高低点。这个蜡烛线的低点就是标称范围的低点。

　　第七根蜡烛线的高低点分别低于第六根蜡烛线的高低点。如果价格从当前位置直接向上穿越 A 点，第七根蜡烛线的低点就是我要使用的标称范围低点。

<h1 style="text-align:center">准备做多交易</h1>

　　现在我准备做多交易。

　　这时候我可以输入一个做多交易单。在交易计算器上，我可以看到这个交易可以在 1257.5 处做多 3 手合约。因为价格离这个价位有点远，我还没有输入这个交易单。

　　下一个屏幕截图在 00：52：12.

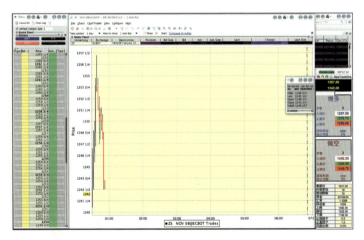

图 15.12

好，现在我们有了一个更加强劲的回调，趋势依然向上。但从计算器上（现在已被更新为最新回撤低点1242.5），我可以看到如果我在突破阻挡位后做多，我只能做两手合约。

下一个屏幕截图在00：58：03。

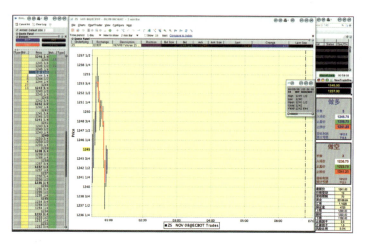

图 15.13

趋势倾向改变了！

我们已经可以看到 14 根完整的蜡烛线了，下一根正在开始形成。然而，第十二根蜡烛线向下突破支撑价位1240.50，就像在以前章节里解释的那样，这意味着我把最初的向上趋势倾向改为向下，而且开始从新低点等待一个回调。

像已经发生的，第十三根蜡烛线是一个回撤线，这个回撤被第十四根蜡烛线确认，它也有一个比最新支撑价位 1237 高的低点。

为了做空，交易计算器现在被设置成显示新的标称范围。1237 是低点，1246.75 是回调高点。从计算器上我可以看到，我可以输入 3 手空单，价位在 1236.75。

下一个屏幕截图在 00：58：26，前面的截图刚过去几秒钟。

图 15.14

注意屏幕左侧的输入交易单窗口，随着一声点击，我已经输入价位在 1236.75 的止损卖单（突破入场做空单）。

下一个屏幕截图在 01：00：07，前 30 分钟实盘交易已经过去了。

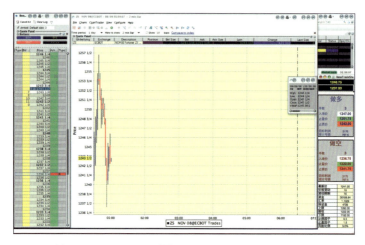

图 15. 15

　　如果我不想在交易上花费太长时间，像今天这种情况，到目前为止还没有找到机会入场交易，我就关掉机子。但是今晚我会坚持下去。

　　回撤继续向上延伸。我已经更新了计算器上的数据，但不是必须改变已经下的交易单，因为计算器仍然在同样的入场点位上显示三手合约。

　　下一个屏幕截图在 01:04:53。

图 15.16

趋势保持向下

现在回调向上已经走得很远了。然而，上方的阻挡价位还没有被突破，因此整个趋势仍然向下。把新的标称范围高点输入计算器，看到我现在仅仅可以交易两手。注意一下我已经在交易单输入窗口把三手合约改为两手。

查看别的谷物品种走势

下一个屏幕截图在 01:05:34，我们暂时关注一下其他品种的价格走势。iMac 有一个挺好的功能，只要按下一个键，我就能看到所有正在运行的窗口。比如我打开大豆的蜡烛图的时候，也同时打开玉米和小麦的蜡烛图，但是它们一般情况下都隐藏在大豆蜡烛图后面。当我按下选择键，就可以同时观察这三个谷物品种的价格走势。

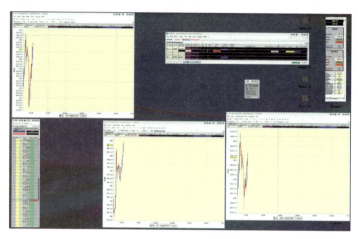

图 15.17

我发现这个功能非常有用,可以总览谷物期货这几个品种的走势。我经常用这个功能对比各个品种的开盘走势,然后才最终决定交易哪个品种。

跟我学交易的儿媳妇刚才发短信对我说,她在小麦合约上做了多单。我用一键功能展示了三个主要谷物合约的蜡烛图。玉米图在左侧,小麦在中间,我们的大豆在右侧。

小麦开盘时趋势向下,随后往上波动,突破阻挡位,改趋势方向为向上。然后价格从新形成的阻挡位回撤,接着回头向上,突破阻挡位,触发做多交易单。如果在一个正常的交易日,我会一直持续观察这三个合约,因为我常常选择第一个突破的交易。如果没有做这些屏幕截图,我或许已经在这个做多交易中了。我祝愿我的儿媳妇能有好运。现在回到大豆上来。

下面三幅屏幕截图显示价格再次向下滑落，但是还没有接近到 1236.75 这个触发我做空交易单的水平。

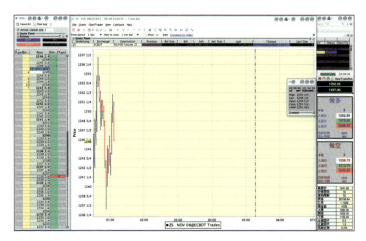

图 15.18

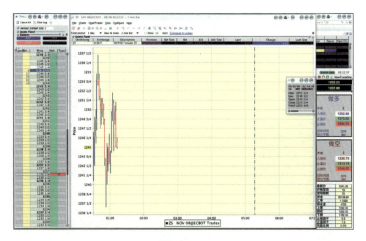

图 15.19

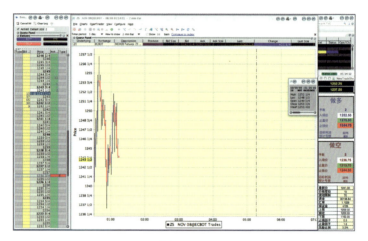

图 15.20

让我们看看我儿媳妇的单子在 01：15：27 时怎么样。

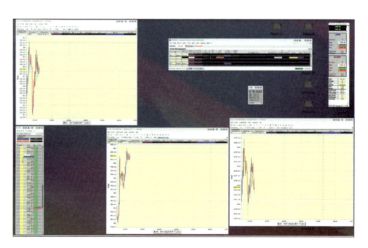

图 15.21

市场判官还远没判她盈利。价格在她的入场位附近来回打转，我祝她好运。

下一个屏幕截图在 01:16:30。

图 15.22

对我们而言，仍然没有太多动作发生。

价格在我们标称范围中部盘整，没给出任何在不久后的什么时间就会突破的信号。它就像那些来回震荡、没有任何趋势的交易日，但外表是可以欺骗人的。因此，最好坚持交易策略系统。

接下来的两幅屏幕截图，价格往回向上走了一点。

图 15.23

图 15.24

　　这儿值得注意的事情是我得到一根新的回调蜡烛线，它的高低点都分别比前一根蜡烛线的高低点要高，因此我把标

称范围的高点调整到 1251。这没有改变交易单的设置，仍然
保持着 2 手合约（请看计算器上的读数）。

　　让我们翻看一下我儿媳妇的单子怎么样。

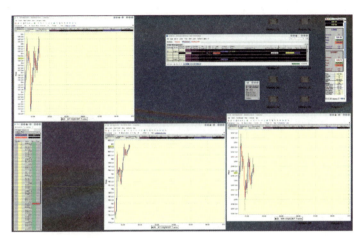

图 15. 25

　　还没有什么地方接近过她的止盈位，但是今晚小麦确实
看起来保持了比大豆强劲的趋势。这两个市场经常一起联
动，但不是今晚。她已经给我发了一个短信，说她把她的单
子都设置为一个 OCA 组合了，要带着刚出生不久的孩子回
到床上睡觉了。天哪！市场剧烈波动，要是一直看着屏幕会
诱使她做出一个草率的决定。

　　下一个屏幕截图在 01:30:28。

图 15.26

　　一个小时过去了，仍然没有真正入场交易。大豆看起来一点也不招人喜欢，反复剧烈波动。但是我的工作就是尽我所能地去执行这个策略系统，而且到目前为止，一直挺好的。又一个小幅上涨后，我在计算器上再次把标称范围的高点调整到1250.5。

　　我准备再查看一下儿媳妇的单子。

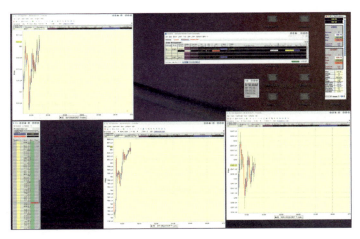

图 15.27

价格沿着她的方向向上冲击了一下，随后再次急剧跌
回。但是还好，离她的止损价位还有挺远的距离。我很高兴
她没有看见这会儿的走势。

我下一个屏幕截图在 01:38:31。

图 15.28

大豆又在向下冲，仍然没有引起标称范围和交易单的改变。
接下来的一个蜡烛线显示了一个强劲的向下冲刺。

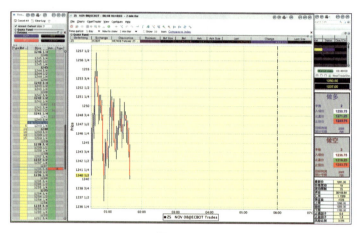

图 15.29

但随后又产生了一个向上的回调。

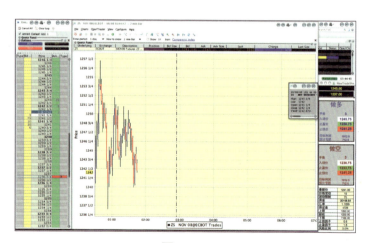

图 15.30

这根回调蜡烛线的高低点分别高于前一根的高低点，因此我把这根蜡烛线的高点输入计算器，作为标称范围的最新顶点。这告诉我把交易单的合约手数改为3手，你可以看到我已经在输入交易单窗口更改过了。

哦，天哪！

我儿媳妇的这次交易看起来确实让人心神不宁，好在价格仍然远离她的止损价位。幸运的是她睡着了，一点儿也影响不到她的心情。

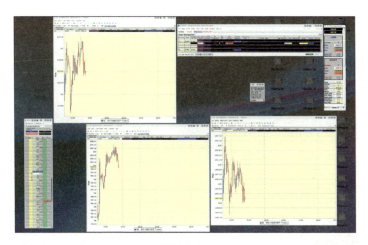

图15.31

好了，我们开始了！

价格直接回头向下，开始挑战标称范围的低点。

图 15.32

　　看一看下一个屏幕截图中交易单输入窗口显示的价格，仅仅比我的入场位高 0.25 美分。

　　下一个屏幕截图在 01:50:05。

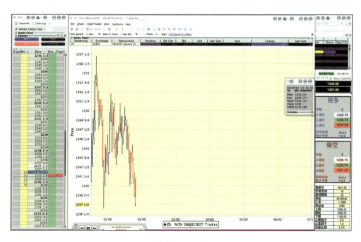

图 15.33

交易单成交了

一小时五十分钟后，这是一个非比寻常的漫长等待，我们终于在市场中了！

看一下入场单如何在交易单输入窗口被变为零了，这表明交易单已经成交了。当交易单被触发时，伴随有一声响亮的"叮"声。

请注意我已经输入止损位在 1241.25。如果我的网络系统现在出问题了，我应该是安全的。看一下蜡烛图窗口上方的持仓区域，它显示着"-3"，意味着我做空 3 手合约。现在是例行公事的时候了，价格变化诱惑我们去盯着屏幕，但是我们还有工作要做。

我做的第一件事就是滚动一下交易单输入窗口。随着一声单击，输入止盈限价单，价位就是计算器上显示的 1223.75。我已经在屏幕右上角点了一下，把 TWS 交易窗口变成当前窗口，它就是顶部的深色窗口。注意一下，我在交易单窗口输入的止损单和止盈单如何同时显示在这个窗口。

图 15.34

　　我接下来的任务是重新输入这两个交易单，同时输入一个市价单，以防前面两个单子在收盘前无一成交的情况出现，再把它们三个设置成一个 OCA 组合。

　　在下一个截图中你可以看到，我在已经工作的前面两个单子的上面，输入了三个新交易单。TWS 交易软件知道它们是一个 OCA 组合，因为我已经给它们编了一个共同的 OCA 代码（"aaa"）。这个新的限价单和止损单与已经工作的那两个单子完全一样。

图 15.35

　　在下一个截图中，我已经取消了前面两个已经存在的交易单，改变成后来两个同样的替换单。

图 15.36

这或许看起来有点复杂，但它是非常重要的。

随着入场单成交，我原来在交易单输入窗口立即输入止损和止盈单，以确保我的持仓被立刻保护起来，同样是因为市场有可能急速波动。有时候这些单子甚至在我有时间去输入替代交易单以前就被触发了！我更换它们的原因是这两个最初的单子没有被链入到一个OCA组合中，危险是它们两个都可能被成交。

例如，市场可能向上变动，触发我的止损价位。这会导致买入三手合约，平掉我的做空持仓。但是随后价格可能再次掉头向下，触发止盈单，这也将会买入三手合约。这不是我想要的，平掉仓位，处于空仓状态，而是在一个下跌的市场中，我被迫开始做多三手合约！

通过把这些交易单连成一个OCA组合，那种可怕的情况就不会发生了。当任何一个交易单，比如像止损单被触发了，即便是这时候你安静地熟睡在床上，这个OCA组合中的别的交易单也将被自动取消。这就是我想要的！

在下一个截图中，你可以看到我正在OCA组合中设置第三个交易单，这就是Good After Time市价单。

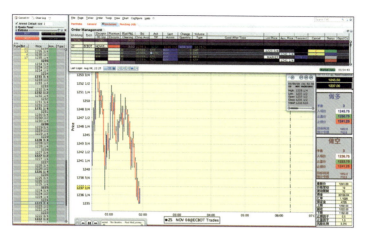

图 15.37

虽然很难发生，但是有可能的是，在收盘前市场既没有
向上到达我的止损价，也没有向下到达止盈价。我不想面对
第二天市场可能跳空高开对我造成的潜在巨额亏损，因此不
论今天收盘时是什么样的情况，我都要平掉所有持仓。为了
达到这个目的，我在一个普通的市价单上选择 Good After
Time 选项。

就像你能够看到的，我已经设定这个市价单在收盘前 30
秒报出。当然，有可能的是当时间还远远没有到达指定时间
的时候，这个单子就被自动撤销了。但是当我让交易单自动
导航时，对于所有可能发生的事，我想都提前设置好自我
保护。

下一个屏幕截图在 02:00:51。

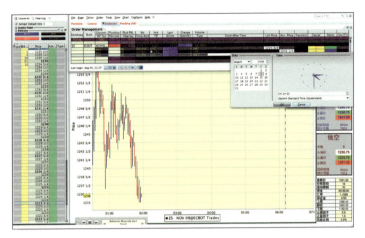

图 15.38

止损单被触发

不幸运的是，市场急剧向上攻击，而且在 1241.25 触发了我的止损单。

自动化的交易单运行得非常完美。看一下 TWS 窗口，你可以看到止损单平掉了仓位，留下了 825 美元的亏损。OCA 组合里的另外两个交易单被取消了，因而不再显示在屏幕上。

这是一个正确的结果，一直没有犯什么错误，我完全执行了我的交易计划。这个交易结果是亏损的，但整个过程处理得很正确。

正确对待亏损是交易最重要的方面之一，因此我可以为这个交易鼓励我自己一下。请注意我的交易计算器预测的亏损是 712.50 美元，实际亏损了 825 美元。那是因为今天晚上第二次交易（平仓）的成交价差比正常值大。真烦人，但好在不是什么灾难。

查看成交量

这儿还有一点提醒。

请注意在 TWS 屏幕上我有两个栏用来展示两个大豆合约。一个是针对我正在交易的十一月份合约，另一个是一月份合约，它将成为我下一个要交易的合约。我这样做的原因是检查成交量。你可以看到十一月份合约的成交量是 39.015k，而一月份合约的成交量仅是 1.04k。到十月底的某个时候，2009 年 1 月份合约的成交量将会超越 2008 年 11 月份合约的成交量，那个时候就是我开始转到一月份合约交易的时候。我要交易那些流动性最好的合约，而且绝不会在合约到期月份交易即将到期的合约。

自然法则

下面的屏幕截图显现了一个神秘的自然法则。

在市场触发了我的止损单以后，请看一下价格又如何重拾跌势。这就是生命的秘密之一：你应当学会面对这种折磨，不要为它而失眠。适应这条自然法则的结论是：如果你不止损，市场继续与你背道而驰！

图 15.40

市场进一步深幅下跌，但是它一直没有到达我原来设定的目标价位 1223.75。下面的屏幕截图显示了收盘后完整的蜡烛图。

图 15.40

交易总结

在这里我想强调的是，实盘中辨别趋势方向与盘后看到所有的蜡烛图后再辨别趋势的难度是截然不同的！

回到前面几个屏幕截图，你能预测最终的趋势是什么样子吗？

我不能。

今天大豆的怪异走势是否把小麦也拉下水，因而破坏了我儿媳妇的交易单？

下面是收盘后小麦的蜡烛图走势。

图 15.41

我已经展现了交易计算器的实际设置，就像交易刚入场的时候一样，也在图上标出了入场价位、止损价位和止盈价位。

突破发生在 01：00：00 刚过去，在最初的一段上涨后，价格向下运行，有好几根蜡烛线的底部都很接近止损价位，随后又开始强劲地上升。然后它再次回调，这次回调持续了一个多小时。最后，收盘前最后一次上冲把价格带到了目标价位的上方，触发了止盈单。

这样，这个交易的结果是盈利的，从交易计算器中我可以看到如果我做了这个交易，我会已经得到 1650 美元的收益。（当然，她挣了多少取决于她做了几手合约，反过来这又取决于她的资金和固定风险比例的设置。）不论如何，今晚看起来她是有盈利的！

我准备打赌，如果她坐在屏幕前看着交易，她不会等到市场上涨触发她的止盈交易单，那两个反向的大回调会毫无疑问地迫使她平仓出场。亲爱的读者，你或许会坐在那儿，大声说："若是我，我不会退出。"但是我可以向你保证，很少有交易者在这种情况下能坚持得住。

在一个 OCA 组合里设置好自动交易单后，直接去睡觉，或者出去跑一圈，是确保你利润最大化的最佳策略。

注释：本章是核心内容，需要反复阅读，仔细揣摩，做交易要赚大亏小，顺势而为。交易方法必须具有一致性。

第十六章　交易一整月

上一章给我们展示了一个交易过程中可能遇到的一天。我们一分钟一分钟地看到了如何将我的交易策略应用到实践中去。现在，让我们把眼光放长远一些，看看长期应用这个交易策略的结果如何。

像之前的章节所阐明的那样，我非常简单地看待我的事业：

◇ 我每晚下一个经过计算的赌注，尽可能谨慎地采取每一个预防措施去管理风险。
◇ 我采用一个简单的突破入场策略，我相信会在大约55%的交易次数中盈利。
◇ 我的目的是，平均盈利大于平均亏损。

我现在计划做的就是带着你一起经历一个月的交易。

虽然我经常看完开盘，再决定交易哪个品种。为了简单，我会仅针对一个市场品种——玉米。我选择了2008年4

月，尽管我可以选择更好的月份，但它是一个非常有意思的交易月份。

请注意：这是一个模拟交易，你应该慎重对待它。

模拟结果通常在实践中很难完全达到。我假定实际的盈利或亏损数额就是交易计算器上显示的结果，再减去 100 美元的手续费和成交价差。

计算器上显示的预计交易结果已经包含了预计成交价差，因此这是一个比较普遍意义上的结果。因为在这三个谷物品种中玉米的成交量最大，波动最小，在交易玉米时我经常发现成交价差根本不存在。

为了举例方便，我同样假定每手玉米合约交易保证金是 1500 美元，并暂定初始交易资金为 25000 美元。

我们严格遵循在前几章设定的交易策略，而且完全以一种机械化的方式进行交易。一些有经验的交易者或许在看到某些交易信号出现时，并不去机械化地执行，因为他们可以看到完全机械化的设置有时候明显是要亏损的。在我自己的交易中如果偶尔有能够死里逃生的机会，我也会执行自己的判断。但我在这儿模拟交易的目的，是要展示经过长期严格执行我的交易策略后，你的交易结果会是什么样子。

四月一日

图 16.1

第一根蜡烛线设定了一个向下的趋势倾向，连续四根蜡烛线价格一直向下打压，随后开始回调。第一根蜡烛线最高点确定的阻挡位最终被突破，趋势倾向改为向上（做多）。过了一会儿，新阻挡价位形成，一个小幅回调开始了。当价格重拾升势，向上突破新阻挡价位，做多交易单成交了。

你可以看到计算器上已经设定了标称范围，产生了一个10 手的交易单，在 574.75 入场，目标在 578，止损在 573.50。

从这张图上可以清楚地看到价格直接向上攻击，直到触发止盈交易单。没有任何价格回撤接近止损价位的情况出现，因此这是一个盈利单。我已经假定实际盈利是计算器显示的1800美元目标利润减去100美元，所以下次交易可使用的资金是26700美元。

四月二日

图 16.2

第一根蜡烛线确定了一个向上的倾向。第二根蜡烛线开始回调，直到第五根蜡烛线向上突破阻挡，触发做多交易。

往回查看回调蜡烛线（第二、三和四根线），你可以看到它们没有一根蜡烛线的高低点分别低于前一根蜡烛线的高低点。因此我选择第一根蜡烛线的低点作为标称范围的低点（587），这个设置展示在交易计算器里。它显示了5手合约，止盈位在600，止损位在589.50。在剩余的交易时段内，止损位和止盈位都没有被触及，因此在收盘前30秒钟我平仓退出，这时价格约为596，交易单的入场位在592.25。

保守一点，我假定每蒲式耳利润为3.5点，合计利润为3.5×5000×5＝875美元。减去100美元费用，我们现在的资金额是27475美元。

四月三日

图 16.3

这是第一次做空交易。

第一根蜡烛线确立了一个向下的趋势倾向，但是第二根蜡烛线的向上攻击立即改变了倾向。但是，最终随着第九根蜡烛线向下击穿支撑位，下跌倾向被重新建立。回调开始后，在01:00产生的向下突破触发了做空交易单。最后一个极点回撤蜡烛线（高低点分别高于前一根蜡烛线的高低点）是第六根蜡烛线。

计算器显示一个5手的交易，在591.75价位处入场，目标位在584.50，止损位在594.25。

你可以从图中看到在交易单入场后市场一开始走得挺好，但是价格一直没有到达止盈位，最终重拾升势，向上触发了止损单，成了一个亏损单。计算器显示的风险目标是687.5美元，因此我假定亏损788美元，把交易资金额减少到26687美元。

四月四日

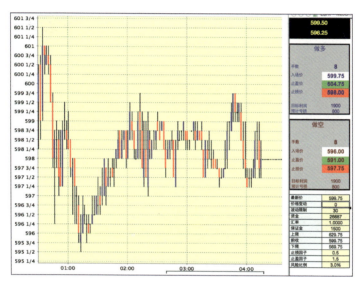

图 16.4

　　一阵向上攻击之后，趋势倾向转为向下，价格开始回撤，最终出现一个向下的突破，触发做空交易单。但是随后止损位被击穿，产生了 800+100＝900 美元的亏损。

四月七日

图 16.5

在谷物市场中,第二根蜡烛线完全反包括第一根蜡烛线高低点的情况是极其少见的,它的高点比第一根的高,低点比第一根的低。当这种情况发生时,就像今天,我完全把第一根蜡烛线忽略不计。第二根蜡烛线确立一个向下倾向,进一步向下打压之后,价格在 03:00 前最终击穿支撑位触发做空交易单。

从图中你可以看出这个做空交易的结果是盈利 591.25 美元。假定最终净利是 1500-100＝1400 美元。

四月八日

图 16.6

　　这又是一个标称范围不得不被设置为整个开盘蜡烛线的波动范围（因为没有一个回调蜡烛线的高低点低于前一根蜡烛线的高低点）。

　　我们可以看到，这次交易的结果是亏损（800 美元加上100 美元费用）。

四月九日

图 16.7

开盘确立向上倾向后，回调击穿支撑位，趋势倾向改为向下。

三根回调蜡烛线直接成就了一次做空交易，获利 1500 美元，减去 100 美元费用。

四月十日

图 16.8

这是一个标准的做空交易。

市场向下打压，出现回调，随后向下突破触发做空交易单，在不到两根蜡烛线的期间，获利 1800 美元，减掉 100 美元费用。

四月十一日

图 16.9

又是一个标准做空交易机会，但是价格没有到达止盈位，也没有击穿止损价，因此收盘前 30 秒钟我们约在 584 价位处平仓出局。5 手合约入场价位在 589，保守一点，假定每蒲式耳获利 4 个点，总共获利 1000 美元，去掉 100 美元费用。

四月十四日

图 16.10

　　这是一个没有交易的日子，因为开盘蜡烛线的宽幅震荡范围确定的支撑和阻挡在剩余的交易时间里再也没有被突破。

四月十五日

图 16.11

这一天对于严格执行我入场策略的交易者来说，是痛苦的一天。

开盘上涨后，在第三根蜡烛线趋势倾向转为向下，随后在第十四根蜡烛线又转为向上。结果是在有效回调后，我开始做多交易，交易单实际在 02:00 入场，成了一次亏损的交易（900 美元加上 100 美元费用）。

四月十六日

图 16.12

对于严格执行我交易策略的交易者来说，今天又是一个没有交易机会的一天。

当市场在大约 01：30 时向下打压，确立向下趋势倾向，但是随后回调是无效的，没有出现至少两个连续蜡烛线的低点均高于当前标称范围的低点（603.5）的情况。

作为个人的兴趣，我确实选择了这一天出现的这个交易机会，但是我不把它计算在这里。（请注意我碰到了网络问题，没有得到整个交易日的全部蜡烛图。）

四月十七日

图 16.13

最初趋势倾向为向下，有两个孤立的单蜡烛线试图形成有效回调，但没成功，随后一个小幅有效回调终于出现（第七、八根蜡烛线）。它们两个都不是具有极点的回调蜡烛线，因为没有更早的回调极点蜡烛线出现，我们就把第一根蜡烛线的高点作为标称范围高点。

不幸运的是，从图上可以清楚地看到止损位 620.75 被提前击穿，否则这次交易应该是一次轻松的盈利交易。亏损是 825 美元加上 100 美元费用。

四月十八日

图 16.14

　　第一根蜡烛线确立向下倾向，很快被第三根蜡烛线反转向上。第五、六根蜡烛线从新高处回调，随后第七根蜡烛线突破触发做多交易单。很快止盈单被成交，产生了一个快速利润。请注意在今天这种情况下，突破蜡烛线的低点比别的回调蜡烛线的低点都低。

　　对于像今天的情况，我常常采用突破蜡烛线的低点作为标称范围的低点。这次交易盈利为 1800 美元，减去 100 美元费用。

四月二十一日

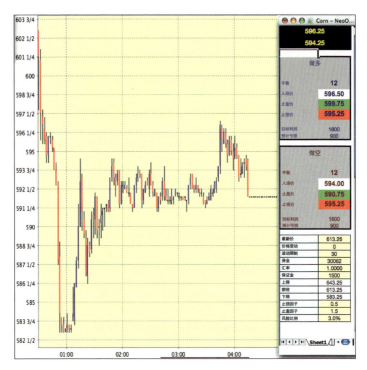

图 16.15

这是一个非常迅速的做空交易，在开盘后 25 分钟的交易时间内，整个交易结束。

利润是 1800 美元，去掉 100 美元费用。

四月二十二日

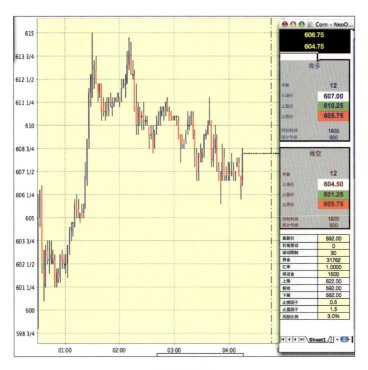

图 16.16

最初强劲上涨后，伴随一阵急速回调，价格最终向上突破阻挡位，触发做多交易单。

这次交易是一个非常干脆的盈利单，获利 1800 美元，去掉一点费用。

四月二十三日

图 16. 17

当我从前到后看过这些蜡烛线时，我最初没辨认出这是
一个第三根蜡烛图突破的交易实例。请看一下第一根蜡烛线
确立向上倾向，第二根蜡烛线回调，第三根蜡烛线继续向上
攻击，并突破第一根蜡烛线高点形成的阻挡。我如果为这次
交易设置了计算器，其标称范围高点在 604，低点在

602.75，我会入场一个 21 手的交易，止盈在 606.25，止损在 603.6，这个交易会是一个亏损单。

已经错过了这个，计算器已在图上设置好，在第四根到第七根蜡烛线形成的回调后，做多交易单入场，目标位在 610.75。非常遗憾，这个价位刚好被错过，因为市场最多向上攻击到 610.5。

在这种情况下，如果交易者正在观察这个交易单，会及时平仓了结，而不会产生亏损。但是如果像我推荐的，你让交易单自动出场，将会出现一个净亏损（1000 美元加上 100 美元费用）。

四月二十四日

图 16.18

第一根蜡烛线确立的向上倾向被第三根蜡烛线反转为向下。一阵深幅回调后，在刚过 01:00 后，市场向下打压击穿支撑位，触发做空交易单，最后在大约 03:15，到达止盈位，获利 2437 美元，去掉 100 美元费用。

四月二十五日

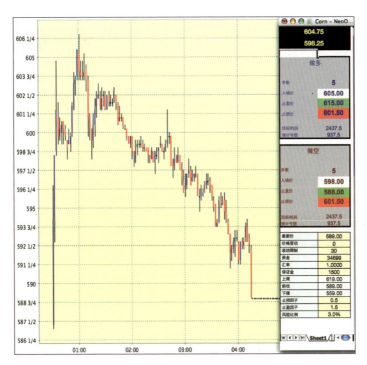

图 16.19

　　最初的几根蜡烛线期间，市场强势上冲，接着回调，然后向上突破触发做多交易单。这是一个非常明显的亏损单，一个有经验的交易者不会入场交易。为了严格遵循机械化交易策略，我们仍然记录 938 美元的亏损，加上 100 美元费用。

四月二十八日

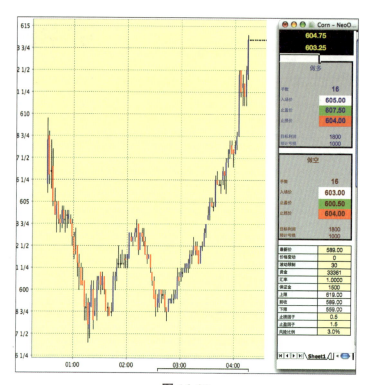

图 16.20

　　第一根蜡烛线确立的向上倾向因第六根蜡烛线击穿支撑位而改变为向下。接着新的低点被确定，随后是小幅回调，突破后确立一次成功的做空交易机会，盈利 1800 美元，去掉 100 美元费用。

四月二十九日

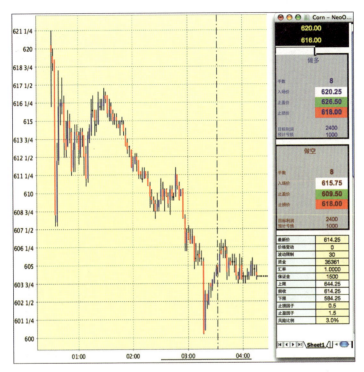

图 16.21

第三根蜡烛线击穿支撑位，触发做空交易。

开盘蜡烛线确立一个下跌倾向，第二根蜡烛线是有效回调，第三根蜡烛线向下突破。盈利 2400 美元，减去 100 美元费用。

四月三十日

图 16.22

一次亏损交易结束这个月！

倾向从向上（第一根蜡烛线）转为向下（第三根蜡烛线），然后再转为向上（第十二根蜡烛线），随后形成有效回调，然后出现突破，触发交易。止损位被击穿，产生亏损1125 美元，加上 100 美元费用。

月度交易总结

随着我们进入五月份交易时，四月份最终屏幕截图展示了交易计算器。

交易资金从 25000 美元增长到 36436 美元，任何人看起来都是一个不错的结果。可就像我前面说过的，在实践中，很难达到模拟结果。但是即使你犯了一些错误，使你的利润减半，这仍然是一个非常不错的月份。

请注意复合关联效应发生得有多快，如果盈利被留在交易账户内，它们立即就增加了下次交易的可用资金。交易的杠杆作用加上谨慎的资金管理就能交易更多的合约手数。

回顾一下本月交易的统计结果。我们看到，在 22 个交易日内，有 12 个盈利单，8 个亏损单，另有两个交易日没有交易，这就意味着盈利机会是 60%（12 比 20）。平均盈利是 1709 美元，平均亏损是 884.5 美元，实际盈亏比是 1.93。我在 20 个交易日内，交易 20 次（91%）。

611.50	
608.00	

做多

手数	9
入场价	611.75
止盈价	617.25
止损价	609.75
目标利润	2362.5
预计亏损	1012.5

做空

手数	9
入场价	607.75
止盈价	602.25
止损价	609.75
目标利润	2362.5
预计亏损	1012.5

最新价	613.75
价格变动	0
波动限制	30
资金	36436
汇率	1.0000
保证金	1500
上限	643.75
前收	613.75
下限	583.75
止损因子	0.5
止盈因子	1.5
风险比例	3.0%

图 16.23

期货日内交易策略

在第四章，我设定了总体原则，我希望我的交易策略系统每个月都能达到。重申一下：

1. 我要采用一个具有50%以上盈利机会的交易策略；

2. 我实际的平均盈利要远大于平均亏损；

3. 我要在80%的交易日内，能够入场交易。

随着时间的流逝，对我最难的是保持盈利机会的百分比。

然而，即使它在某个特定月份下降到40%，只要我的盈亏比保持在2附近，我仍然可以盈利。

这个月显然比较容易地达到了这些原则。

注释：本章虽说是模拟交易，但具体策略和步骤与真实交易并无大的区别，只是心里的波动不同而已，仔细体会作者的总体交易原则在每日盘中是怎样具体实施的。

第十七章　实践的重要性

没有实践，人不会善于做任何事情。交易，尤其是高速日内交易，更不例外。

我的交易策略系统最棘手的地方是：

1. 识别支撑和阻挡价位；

2. 正确判断回调；

3. 确定标称波动范围 r。

学会本能地做这些的最佳方法是，一张图接着一张图进行研究。即使现在，这么多年交易后，我每天都会花时间看看以前的蜡烛图，确定它们应该如何交易。

如果你实践得足够多，模式识别成为一种习性，你开始感觉到当你交易时好像你已经完全融入市场了。你不仅能够识别已经形成的模式，而且你会发现，你自己可以预测可能要发生的趋势。

对于新手而言，蜡烛图就是蜡烛线的胡乱组合，毫无规律可言。但是过了一段时间，你会达到一个境界：眼睛随便一瞥，就能够发现交易机会。

历史数据库

一个你可能碰到的问题是如何找到足够的蜡烛图去练习。在网上找到长期的日线收盘数据很容易，但是要找到日内期货合约的2分钟数据就不是那么容易的了。

我解决这个问题的途径是在每个交易日收盘时我都对小麦、玉米和大豆做一个屏幕截图。我保存了一个数据库，结果是现在我有了好几年的蜡烛图数据，我可以很容易找到它们进行练习。如果我发现一个更好的交易策略，我可以很快地查验，在一个长期交易的基础上，它的最终收益如何。

错误的代价

有关实盘操作的最后一句话。

如果给出盈利机会百分比概率，平均盈利大小和平均亏损大小，对于你的交易策略，就可以计算出每次交易的理论平均盈利，我们用 P 代表。

如果你知道 P，你可以预测，在一系列交易后的收益情况。

总收益=（交易次数×P）-手续费-成交价差

但对于真实的交易行为，这个结果是这样的：

$$总收益 = （交易次数 \times P）-手续费-成交价差-错误的代价$$

不幸运的是，最后这个因素是非常关键的。

我不管你是谁，你什么时候开始评估在某个特定月份的最终收益，你会发现，你比你可以做到的要差，因为你犯了错。

尽可能少犯错的方法就是持续实践。

交易者除了交易时间外，并非忙得抽不出时间。因此，抽出一点时间回顾一下蜡烛图，就是最值得你花时间的事情。

注释：本章同样重要，交易中不可能不犯错，但要不断实践，尽可能地少犯错，错误少了，盈利自然增加了。

第十八章　计算机设置

在第五章，我谈到风险管理。本章着重强调一些你能够控制的硬件保障问题。

显示屏要大

我交易用的计算机是 20 英寸屏幕的苹果 iMac 电脑。我下一步要升级到 24 英寸屏幕，这样可以看到大量的信息，你也确实想看尽可能多的信息。如果你用笔记本电脑开始交易，或者别的小屏幕电脑，你在给你自己设置障碍。

这或许看起来像一个不太重要的问题，但它确实是一件你必须经历才知道的事情。其中的差别就像粉笔和奶酪。

好的一方面是显示器只是需要你花一点小钱的设备组件。你的电脑没有必要超级快，或者具有多余内存，超大硬盘、高端显卡或者别的什么花哨功能。一台普通电脑和一个可靠的宽带连接就足够了。

当电脑突然崩溃

在紧急关头你有一个备用电脑的确是很有用的。电脑不会经常崩溃，但是如果你在一个紧要关头电脑确实崩溃了，你可以在备用电脑上立刻打开你的交易软件，你将会感到莫大的安慰。

为了防止出现意外紧急情况，确保你手边就有经纪商的电话，一定要是手写的。如果是仅仅存储在电脑的通讯录里，在电脑崩溃的时刻，你怎么能看得到。这样在出现最坏情况的时候，你可以电话查询和委托交易。

确保你的经纪商提供这种服务，而且电话确实能打得进去，并有人接听！

网络预防措施

在备份这个方面，我的经历是网络连接失败比电脑硬件损坏更常见。没有互联网连接的危害就像电脑硬件出现问题一样，而且备用电脑也帮不上这个忙。再次提醒，最后一招就是打电话给你的经纪商。但是提前准备一个备用的网络连接方案是一个非常有用的方法。

我的备用方案是另一家互联网服务提供商（ISP）提供的廉价拨号连接。我时不时地求助这种网络连接，事实证明了这是一个非常值得的投资。

如果你不喜欢拨号连接，另一个替代方案就是 3G 无线宽带连接。作为一个备用方案，你不需要太高的下行宽带。

另外一件事：调制解调器（上网猫）有时候也会坏掉。我希望交易者有一个 ADSL 宽带连接有线猫，或无线猫，在家里可以允许两台机子上网。如果你有了这个，我建议你保留一个旧的上网猫，一旦无线猫不能连接，你可以直接把它用上。

很自然，你所有的电子设备都应该插入一个具有浪涌电压保护功能的接线板，尤其是你有可能碰到雷暴雨天气。

这纯粹是常识。

备份流程

这些设备问题偶尔才会发生。这正是你需要进行备份演练，并做好备份记录的原因。因为从你设置好你的备份到这些事情发生，或许已经几个月过去了。你应当问自己的问题包括：

你把经纪商的电话号码写在哪里了？还有你的交易账号，以及你需要在电话上证明自己身份的信息。

你的备用上网猫是否已经用正确的密码设置好？为的是你能够即插即用。（如果你不得不联系你的 ISP 寻求帮助，你没有时间去听那些客服电话的音乐。）

你的备用电脑是否更新了行情软件和交易软件的最新版本？

你是否记得到备份电脑上保存自己工具的最新版本，比如交易计算器？

当遇到最坏的情况时，自己的目标是在几分钟内启动备份程序。即使那样你会发现你的心跳已经加倍了！

你可以做的最好的事，是在收盘后，演练你的备份流程，模拟应对各种问题，把小问题解决掉。

> 我曾经碰到一个问题，就是在我需要转到拨号上网时，我找不到电话接口转换跳线。我找到了另外一个，但是太短了！我在午夜时分疯狂地搬挪家具，急切地希望着一个没有保护的持仓不会事与愿违，离我而去。相信我，这不是一件轻松的事情。

交易这件事都是由于承担已经计算过的、实实在在的亏损风险才实现了最终的利润。当你的交易单入场时，你不得不承担风险。但是，为什么要承担这些因设备问题而产生的不必要的风险呢？一台备用电脑、一个备用上网猫以及一个廉价的替代上网方式究竟值多少钱呢？稍微计划一下，不需要花太多钱，你就可以从根本上消除绝大多数设备问题和网络风险，赶快做吧！

另外不要忘了大屏幕的显示器，它会让一切焕然一新。

退出交易检查表

这或许看起来像一个很平常的事情，而且这并不牵涉电脑设置和网络配备。但是这么多年交易后，在我如何退出交易软件这个问题上，我已经变得非常多疑和妄想。

就像在开盘前，我有一个检查表要一一对照查看，以确保交易计算器上的所有信息完全正确。当我退出交易软件时，我准备了一个相似的检查表。

1. 我检查持仓状况，以核实没有任何持仓。我是一个日内交易者，在我结束交易时，我不想要任何持仓。

2. 我核实没有任何未成交的交易单。

3. 为了加倍确保，我执行"取消所有交易单"命令。

4. 我再一次核实我账户上没有显示任何持仓。

只有这个时候我才关掉交易屏幕。

所有的这一切或许看起来太夸张了。确实，如果每一件事都已经按照计划做完，没有必要再执行这些戒备措施。然而，偶尔事情没有被完全按照计划做完。你或许太仓促，犯了个错误。

就是在这些时候，你或许发现交易软件里还有一个没有被取消的交易单，而这个单子被你完全忘记了。或者你可能认为你已经平掉所有的仓位，但却发现因为一些特别的原因，你并没有平仓。或许你做多四手合约，在一阵慌忙混乱之中，只平仓两手，错误地留下了另外两手。这些事情偶尔发生，结果第二天登录后，发现自己处于一个不想要的交易当中。让人郁闷的是，这个单子已经产生了相当大的亏损。

为了你自身安全，对于退出交易系统，制定一个"腰带加背带"的安全策略，确保每次退出前必须执行它。把自己想象为大型喷气式飞机飞行员，在起飞和降落前都要履行检查。

注释：本章也是讲交易之前必备的基础，小心驶得万年船，切不可忽视这些细节。

第十九章 交易日常工作

上一章的最后一条是我已经在交易中学到的众多经验的典型。

追寻成功的路上

当我开始交易生涯的时候，我觉得它全是有关知识和研究。我尽力关注市场的每一个消息，详细阅览交易书籍，在网上不停地寻找更好的交易方法，整天在图上分析历史数据，搜寻各种最新交易指标和交易策略系统。

我的朋友们对此都印象深刻，但是尽管我有这么多信息，我还是没挣着钱。

简单就是好

只是在那些所有的探寻之后，我才开始逐渐认识到在下面这三个行之有效的理念基础之上，你可以取得交易成功：

1. 支撑和阻挡;

2. 顺势交易;

3. 迅速止损,放飞盈利。

快速略读这些概念是非常容易的。

他们是如此简单。

几乎每一个交易过的人都知道它们,都可以告诉你它们是什么。但是,这并不意味着他们真正懂得欣赏它们的重要性。

交易过程简单化不会吃亏。(至少,复杂的交易从来不适合我。)本书展现的交易策略一点也不晦涩难懂,但是它仍然建立在坚实的基础上。

例行工作

现在,我相信我的成功与否由我是否很好地执行计划决定。交易就是简单过程的持续重复,就是为完美执行而奋斗。它就是要千篇一律地认认真真地做好同一件简单的事情,日复一日。

这些事就是每天要例行的工作。就像一个职业网球运动员或许在发球前总是遵循同一常规,一个成功的交易者把一系列的惯例融入日常工作中。惯例确保我们毫无改变地遵循一个标准化过程,帮助我们避免忘记一些重要的事情。

　　把交易过程简化为一个惯例，我可以毫不费力地把它表演得淋漓尽致，这就是通往成功的捷径。

　　注释：全书的核心就是：顺应趋势，截断亏损，交易力求"简单"。也就是本人投机交易体系的三大核心要素："简单性""规律性""一致性"。

译者后记

　　本书的完成得到以下同仁的大力帮助，他们是：朱杰、吴文莉、李超杰、陈鼎、余锋、常红婧、郑星、田军、彭家伟、张苹、苏远秀、范纯海、张毅、吴春梅、肖艳梅、张毅。其中第一章至第七章由肖艳梅、朱杰、吴文莉翻译；第八章至第十三章由张毅、李超杰、田军翻译；第十四章至第十九章由常红婧、郑星、彭家伟、张苹、苏远秀、陈鼎、余锋、范纯海翻译；其余部分由张毅、吴春梅、张意忠翻译；全书由康民负责统校。由于译者水平有限，错误和疏漏之处在所难免，敬请读者批评指正。